베르톨트 브레히트 시선 ❶

살아남은 자의 슬픔

金光圭 옮김

살아남은 자의 슬픔

베르톨트 브레히트 지음
김광규 옮김

초판 1쇄 1985년 9월 10일 | 개정판 7쇄 2012년 4월 20일 | 개정판 8쇄 2014년 9월 25일
펴낸곳 한마당 | 펴낸이 황정하 | 등록 1979년 2월 제1-515호 | 주소 경기도 의왕시 효행로 9
전화 02-422-6246 | 전송 02-422-6201 | 전자우편 faaaran@naver.com

ISBN 978-89-855-12-70-1 03850

책값은 뒤표지에 적혀 있습니다.
잘못 만든 책은 구입하신 곳에서 바꾸어 드립니다.
저작권법에 의해 한국 내에서 보호 받는 저작물이므로 무단 전재와 복제를 금합니다.

살아남은 자의 슬픔

물론 나는 알고 있다. 오직 운이 좋았던 덕택에
나는 그 많은 친구들보다 오래 살아남았다. 그러나 지난 밤 꿈속에서
이 친구들이 나에 대하여 이야기하는 소리가 들려 왔다.
"강한 자는 살아남는다"
그러자 나는 자신이 미워졌다.
(1944년)

차 례

제1부 가정 기도서

- 프랑소와 비용에 대하여 · **11**
- 나의 어머니 · **14**
- 위대한 감사의 송가 · **15**
- 죽은 병사의 전설 · **17**
- 세상의 친절 · **24**
- 숨결에 관한 기도문 · **26**
- 호수나 강에서 헤엄치기 · **35**
- 코르테스의 병사들 · **38**
- 마리아의 추억 · **42**
- 여자와 병사의 발라드 · **44**
- 유혹당하지 말 것 · **47**
- 익사한 소녀 · **49**
- 불쌍한 베 베 · **51**

차 례

제2부 물레방아의 발라드

- 흔적을 감추어라 · 57
- 인간 노력의 불충족에 관한 노래 · 60
- 사랑하는 사람들 · 63
- 상품의 노래 · 65
- 임시 야간 숙소 · 67
- 물레방아의 발라드 · 69
- 당신들이 아무것도 배우려 하지 않는다고 나는 들었다 · · · · · · · 72
- 배움을 찬양함 · 74
- 칠장이 히틀러의 노래 · 76

제3부 스벤보르 詩篇

- 울름의 재단사 · 81
- 앞으로 일어날 전쟁은 · 83

차례

- 망명기간에 관한 단상 · 84
- 버찌 도둑 · 86
- 1938년 봄 · 87
- 분서 · 90
- 노자가 떠나던 길에 도덕경을 써주게 된 전설 · · · · · · · · 92
- 의심을 찬양함 · 98
- 어떤 책 읽는 노동자의 의문 · 104
- 서정시를 쓰기 힘든 시대 · 107
- 후손들에게 · 109

제4부 살아남은 자의 슬픔

- 살아남은 자의 슬픔 · 117
- 헐리우드 · 118
- 민주적인 판사 · 119
- 소년 십자군 · 121
- 모든 것은 변화한다 · 131

차 례

제5부 부코브 비가

- 아, 어떻게 우리가 이 작은 장미를 기록할 수 있을 것인가?········135
- 새들이 겨울 창 밖에서 기다리네···························136
- 연기···138
- 해결방법···139
- 바퀴 갈아 끼우기···140
- 기분 나쁜 아침···141
- 「세상의 친절」과 대립되는 노래·····························142
- 자선병원의 하얀 병실에서·····································144
- 나에게는 묘비가 필요없다·····································145

☐ 해설 / 베르톨트 브레히트와 詩의 使用 / 146
☐ 연보 / 158

제1부

가정기도서

Vom François Villon

프랑소와 비용*에 대하여

1

프랑소와 비용은 가난뱅이 집 자식으로 태어나
서늘한 높새바람이 그의 요람을 흔들어 주었네.
눈보라 속에서 보낸 어린 시절에는
머리 위로 텅빈 하늘만이 아름다왔네.
    한번도 침대에서 자본 적이 없는 프랑소와 비용은
    서늘한 바람이 맛있음을 일찍부터 수월하게 깨달았네.

2

발에서 피가 나고 엉덩이가 따끔거려
그는 돌멩이가 바위보다 뾰족하다는 것을 알게 되었네.
어려서부터 남들에게 돌을 던지고
다른 사람들과 맞붙어 뒹구는 것을 배우게 되었네.
    누울 자리를 보고 다리를 뻗을 때마다 그는
    다리뻗고 눕는 것이 맛있음을 일찍부터 수월하게
    깨달았네.

3

그는 하느님의 제단에 갖다 바칠 돈이 없었고

하늘에서 그에게 축복이 쏟아진 적도 없었네.
그는 사람들을 칼로 찌르고
교수대 올가미에 자기 목을 들이밀어야 했었네.
    그러므로 그는 처먹을 때 맛이 있으면
    개새끼라고 욕할 때까지 마구 퍼먹었다네.

4

그에게는 하늘의 달콤한 보상이 손짓하지 않았고
일찍부터 경찰이 영혼의 긍지를 깨뜨려 버렸지만
그래도 이 친구 역시 하느님의 아들이었다네. ─
그가 비바람 속에 오랫동안 도망다니노라면
맨 마지막에는 그 보상으로 십자가가 손짓한다네.

5

프랑소와 비용은 빵깐을 코앞에 두고 도망가다가
붙잡히기 전에, 재빨리, 숲속에서, 교묘하게 죽었네. ─
그러나 그의 뻔뻔스런 영혼은 앞으로도 변함없이
  사라지지 않는 이 짧은 노래처럼 오래오래 살아 있을 것이네.

그가 사지를 뻗고 쓰러져 죽었을 때
이 뻗어버리는 것도 맛있음을 그는 늦게서야 힘들게 깨달았네.

(1918년)

---

* 15세기에 프랑스에 살았던 유랑시인. 파리의 빈민 출신으로 대학까지 나온 학사였으나 절도범, 싸움꾼, 살인자로 옥살이를 하고, 교수형 선고를 받고, 파리로부터 추방되어 유랑하다가 실종되었음. 3,000행에 이르는 그의 「유언시」, 「유증시」, 「잡시」는 19세기에 뒤늦게 발견되어 재평가를 받게 됨. 브레히트의 청년기 문학작품에 중요한 모티브로 등장함.

Meiner Mutter

나의 어머니*

그녀가 죽었을 때, 사람들은 그녀를 땅 속에 묻었다.
꽃이 자라고, 나비가 그 위로 날아간다……
체중이 가벼운 그녀는 땅을 거의 누르지도 않았다.
그녀가 이처럼 가볍게 되기까지, 얼마나 많은 고통을 겪었을까!

(1920년)

---

* 조피 브레히트〔친정성(親庭姓)은 브렌찡(1871~1920)〕

Großer Dankchoral
위대한 감사의 송가*

1
그대들을 둘러 싸는 밤과 어둠을 찬양하라!
모두들 모여서
하늘을 올려다 보라.
벌써 낮은 지나가 버렸다.

2
그대들 곁에서 살다가 죽는 풀과 짐승들을 찬양하라!
보라, 그대들이
풀과 짐승을 얼마나 찬양하는지.
그것들도 그대들과 함께 죽게 마련이다.

3
짐승의 썩은 시체로부터 환호하면서
하늘로 자라 올라가는 나무를 찬양하라!
짐승의 썩은 시체를 찬양하고
이것을 먹어 없애는 나무를 찬양하고
또한 하늘도 찬양하라.

4

하늘의 나쁜 기억력을 진심으로 찬양하라!
그리고 하늘이 그대들의
이름도 얼굴도 모른다는 것을 찬양하라.
그대들이 아직도 살아 있다는 것을 아무도 모른다.

5

추위와 어둠과 멸망을 찬양하라!
올려다 보라,
그대들에게 좌우될 것은 아무 것도 없다.
그대들은 아무런 걱정말고 죽어도 된다.

(1920년)

---

* 주를 찬양하는 교회의 송가를 패러디로 반기독교적 무신론을 표현.

Legende vom toten Soldaten

죽은 병사의 전설

1

전쟁이 일어난 지 네번째 봄에 접어들어서도
평화의 가능성이 전혀 보이지 않자
병사는 결단을 내리고
영웅적으로 전사했네.

2

전쟁은 그러나 아직도 끝나지 않았으므로
자기의 병사가 죽어 버린 것이
아무래도 너무 때 이르게 생각되어
황제에게는 유감이었네.

3

무덤돌 위로 여름이 오고
병사는 이미 잠들었는데
어느날 밤 의무부대가
이곳에 나타났네.

4

의무부대 군인들은
묘지로 나가
신성한 군용삽으로
전사한 병사를 파내었네.

5

군의관은 그 병사를, 아니
그 병사의 아직 남아 있는 시체를 자세히 보고
그가 갑종합격자임을 알아내었네.
그리고 슬그머니 위험을 피해 도망쳤네.

6

그들은 곧장 그 병사를 데리고 갔네.*
밤은 푸르고 아름다웠네.
철모를 쓰지 않았더라면
고향의 별들이 보였을 것이네.

7

그들은 병사의 썩은 몸뚱이에
독한 화주를 뿌렸네.
병사의 팔에는 두 사람의 수녀와
반쯤 벌거벗은 계집을 매달아 주었네.

8

병사한테서 지독하게 썩은 냄새가 풍겨 나오므로
목사 한 사람이 앞장서 절뚝거리며
병사한테서 냄새가 풍기지 않도록
그의 몸 위로 향로를 흔들어대네.

9

앞에서는 악대가 쿵작작
신나는 행진곡을 연주하네.
병사는 그가 배운대로
엉덩이 높이까지 다리를 곧게 올려 내딛었네.

10

형제처럼 병사를 팔로 감싸고
두 사람의 위생병이 함께 걷고 있네.
그렇지 않으면 병사는 아마 진창 속으로 쓰러져 버릴 터이니
그랬다가는 큰일나네.

11

그들은 병사의 수의에다
흑·백·홍색**을 칠하여
그것을 병사의 앞에 쳐들었네.
색깔 때문에 온갖 더러운 것이 보이지 않았네.

12

가슴이 떡 벌어진 신사 한 사람이
연미복을 입고 앞장서 걸었네.
독일의 사나이로서 이 사람은
자기의 의무를 똑똑히 알고 있었네.

13

그들은 쿵작작거리며
어두운 가로를 따라 행진했네.
폭풍 속의 눈송이처럼
병사도 비틀거리며 함께 행진했네.

14

고양이와 개들이 울고 짖고
들판의 쥐들도 사납게 찍찍거리네.
그것들도 프랑스 편이 되고 싶지는 않네.
왜냐하면 그것은 치욕이므로.

15

그들이 마을을 지나갈 때면
그곳의 여자들이 모두 나왔네.
나무들이 허리를 굽히고, 만월이 비치고
모두가 만세를 외쳤네.

16
쿵작작거리는 소리와 환송의 외침!
여자와 개와 목사!
그리고 그 한가운데 죽은 병사가
취한 원숭이처럼 끼어 있네.

17
그들이 마을을 지나갈 때면
아무도 이 병사를 볼 수 없었네.
쿵작작거리고 만세를 외치며
수많은 사람들이 그를 둘러싸고 있었네.

18
수많은 사람들이 그를 둘러싸고 춤추며 소리쳤으므로
아무도 그를 볼 수 없었네.
오로지 하늘에서만 그를 내려다 볼 수 있었으나
하늘에는 별들만이 반짝이고 있었네.

19

별들이 언제나 떠 있는 것은 아니네.
이제 아침 노을이 붉게 물들어 오네.
그러나 병사는 그가 배운대로
영웅적인 죽음을 향하여 행진해 가네.

(1918년)

---

* 1918년 제 1차 세계대전의 막바지에 루덴도르프 장군은 공격작전을 위하여 17세에서 50세에 이르는 독일남자들을 무차별 징집했음. 무덤 속의 죽은 병사를 파내어 전장에 투입하는 이 장면은 위의 조치에 대한 신랄한 야유로 보임.
** 독일제국의 3색국기

Von der Freundlichkeit der Welt
세상의 친절

1

차가운 바람 가득한 이 세상에
너희들은 발가벗은 아이로 태어났다.
한 여자가 너희들에게 기저귀를 채워줄 때
너희들은 가진 것 하나도 없이 떨면서 누워 있었다.

2

아무도 너희들에게 환호를 보내지 않았고, 너희들을 바라지 않았으며,
너희들을 차에 태워 데리고 가지 않았다.
한 남자가 언젠가 너희들의 손을 잡았을 때
이 세상에서 너희들은 알려져 있지 않았었다.

3

차가운 바람 가득한 이 세상을
너희들은 온통 딱지와 흠집으로 뒤덮여서 떠나간다.

두 줌의 흙이 던져질 때는*
거의 누구나 이 세상을 사랑했었다.

(1922년)

---

* 죽은 사람을 땅에 묻을 때

Liturgie vom Hauch

숨결에 관한 기도문

1

언젠가 이곳에 늙은 여자가 한 사람 나타났습니다.

2

그 여자는 먹을 빵이 하나도 없었습니다.

3

빵은 군인들이 다 처먹어 버렸던 것입니다.

4

그때 그녀는 차가운 하수도에 빠졌습니다.

5

그러자 그녀는 더이상 배가 고프지 않게 되었습니다.

6

이에 대하여 숲속의 작은 새들은 침묵했다.
모든 나뭇가지 끝에 정적이 깃들고
모든 산봉우리에서 그대는

숨결조차 느끼지 못한다.*

7

언젠가 이곳에 사망진단 의사가 한 사람 나타났습니다.

8

이 늙은 여자는 사망진단서를 떼어달라는군, 하고 그는 말했습니다.

9

그러자 사람들은 이 배고픈 여자를 파묻어 버렸습니다.

10

그리하여 이 늙은 여자는 아무 말도 할 수 없게 되었습니다.

11

그 의사만 혼자서 이 늙은 여자를 비웃었습니다.

12
작은 새들도 숲속에서 침묵했다.
모든 나뭇가지 끝에 정적이 깃들고
모든 산봉우리에서 그대는
숨결조차 느끼지 못한다.

13
언젠가 이곳에 이상한 남자가 한 사람 나타났습니다.

14
이 남자는 질서에 대한 감각이 전혀 없었습니다.

15
그는 이 일에 수상한 점이 있음을 발견했습니다.

16
그는 그 늙은 여자에게 일종의 친구였던 것입니다.

17

　인간은 무엇인가 먹을 수 있어야 해, 자 ──, 하고 그는 말했습니다.

18

　이에 대하여 숲속의 작은 새들은 침묵했다.
모든 나뭇가지 끝에 정적이 깃들고
모든 산봉우리에서 그대는
숨결조차 느끼지 못한다.

19

　그때 갑자기 이곳에 경찰관이 한 사람 나타났습니다.

20

　이 사람은 고무로 만든 곤봉을 휴대하고 와서

21

　그 남자의 뒤통수를 갈겨 묵사발을 만들었습니다.

22
그리하여 이 남자도 아무 말 못하게 되었습니다.

23
그래도 경찰관은 무슨 소리가 난다고 말했습니다.

24
지금도 숲속의 작은 새들은 침묵한다.
모든 나뭇가지 끝에 정적이 깃들고
모든 산봉우리에서 그대는
숨결조차 느끼지 못한다.

25
언젠가 이곳에 수염을 기른 남자 세 사람이 나타났습니다.

26
그들은 이 일이 오직 그 이상한 남자와 관련된 문제만은 아니라고 말했습니다.

27

그들은 총소리가 울릴 때까지 그렇게 말했습니다.

28

그러나 그 다음에는 구더기가 그들의 살을 뚫고 뼈 속으로 기어 들어갔습니다.

29

그러자 그 수염을 기른 남자들도 아무 말 못하게 되었습니다.

30

이에 대하여 숲속의 작은 새들은 침묵했다.
모든 나뭇가지 끝에 정적이 깃들고
모든 산봉우리에서 그대는
숨결조차 느끼지 못한다.

31

그때 갑자기 이곳에 네 사람의 사나이가 나타났습니다.

32

그들은 군인들과 한번 담판을 해보려고 했습니다.

33

그러나 군인들은 기관총을 가지고 말했습니다.

34

그러자 모든 사나이들은 아무 말 못하게 되었습니다.

35

그래도 그들은 이마의 주름살이 또 하나 늘었습니다.

36

이에 대하여 숲속의 작은 새들은 침묵했다.
모든 나뭇가지 끝에 정적이 깃들고
모든 산봉우리에서 그대는
숨결조차 느끼지 못한다.

37

언젠가 이곳에 커다란 붉은 곰이 한 마리 나타났습니다.

38

이 곰은 이곳의 관습에 대하여 아무것도 몰랐고, 곰으로서 그것이 필요하지도 않았습니다.

39

그 곰은 지난 날과는 달리 모든 암흑을 파헤치려 하지 않았습니다.

40

그리고 그 곰은 숲속의 작은 새들을 잡아 먹었습니다.

41

그러자 작은 새들은 이제 침묵하지 않았다.
모든 나뭇가지 끝에 불안이 깃들고
모든 산봉우리에서 그대는
이제 숨결을 느낀다.

(1924년)

* 괴테의 유명한 시「방랑자의 밤노래」에 대한 패러디. 그 시는 다음과 같음.

   모든 산봉우리에
   정적이 깃들고
   모든 나뭇가지 끝에서
   그대는 숨결조차
   느끼지 못한다.
   숲속의 작은 새들은 침묵한다.
   잠깐만 기다려라, 곧
   그대도 휴식하게 되리니.

   군부가 지배하는 경찰국가에서 현실의 비리를 외면하고 침묵하는 시민문학의 상징으로 이 시를 변형시켜 후렴처럼 사용했음.

Vom Schwimmen in Seen und Flüssen

호수나 강에서 헤엄치기

1

창백한 여름에는, 바람이 저 위의
커다란 나무들 잎 속에서만 살랑거릴 때는
강이나 못 속에 누워 있어야 한다.
헤히트*가 서식하는 수초처럼.
몸은 물 속에서 가벼워진다. 팔을
물에서부터 하늘 쪽으로 가볍게 떨어뜨리면**
산들바람은 팔을 갈색의 나뭇가지인 줄로
잘못 알고 흔들어 준다.

2

하늘은 한낮이면 굉장한 고요함을 마련해 준다.
제비들이 날아오면, 눈을 감는다.
바닥의 진흙은 따스하다. 서늘한 물거품이 방울방울 솟아 올라오면
물고기가 우리들 사이로 지나간 것을 알게 된다.
나의 몸, 다리와 가만히 있는 팔이
완전히 하나가 되어, 우리는 물 속에 꼼짝않고 누워 있다.
서늘한 물고기들이 우리들 사이로 지나갈 때만

나는 웅덩이 위로 햇빛이 비치는 것을 느낀다.

3

너무 오래 누워 있어서 저녁 때
사지가 쑤시고, 아주 게을러지면
흘러가는 푸른 강물 속에 철퍼덕거리면서
모든 것을 거리낌없이 던져 버려야 한다.
저녁 때까지 버티는 것이 가장 좋다.
그러면 강과 수풀 위로 창백한 상어와 같은 하늘이
심술궂고 탐욕스럽게 나타나고
모든 사물이 그에 알맞게 되기 때문이다.

4

물론 흔히 그렇듯이 등을 밑으로 하여
누워야 한다. 그리고 떠내려 가도록 내버려두는 것이다.
헤엄을 치지 말아야 한다. 그래, 그저 그렇게 하고 있으면 된다.
마치 조약돌 더미의 한 부분인 것처럼 말이다.

여편네가 안고 있는 아이와 같은 자세로
하늘을 바라보고 있으면 된다.
저녁에 하느님이 자기의 강물에서 헤엄칠 때
그러는 것처럼, 전혀 큰 활동은 하지 말아야 한다.

(1919년)

---

* 유럽, 북아시아, 북아메리카의 민물에 서식하는 육식 어류로서, 큰 것은 길이 1.3m에 무게 25kg이나 되며, 양어장에서 기를 수 있고, 맛이 좋음.
** 위와 아래가 일상의 시각(視角)과는 정반대로 표현되고 있음. '들어올리다' 대신 '떨어뜨리다'를 사용, 이른바 「바알」의 시각이라 할 수 있음.

Von des Cortez Leuten

코르테스*의 병사들

이레째 접어들자 산들바람이 불어 오면서
탁 트인 풀밭이 나타났다. 햇빛이 맑아
그들은 쉬어 가기로 작정했다. 브랜디 술통을
수레에서 굴러 내리고, 황소들을 풀어 놓았다.
그들은 저녁이 되자 그 황소들을 도살했다. 날씨가 서
늘해졌으므로.
주위의 늪가 나무에서 옹이져서 잘 타게 생긴
팔뚝만큼 굵은 나뭇가지들을 잘라 왔다.
양념한 고기를 한바탕 집어삼키고 그들은
아홉시쯤 노래부르며 술마시기
시작했다. 밤은 서늘하고 푸르렀다.
잔뜩 취하여, 목이 쉰 채
커다란 별들을 마지막으로 휘둘러 보면서
그들은 자정쯤 불 곁에서 잠들었다.
그들은 깊은 잠을 잤다. 그러나 많은 병사들이 아침결
에 황소들이 우는 소리를 한번 들었었다.
점심때쯤 깨어보니, 그들은 이미 밀림 속에 있다.
사지가 무거워 신음하면서

무릎으로 일어나 멍청한 눈으로 둘러보고 그들은 깜짝 놀란다.
그들의 주위에는 팔뚝만큼 굵고 옹이진 나뭇가지들이 서 있는데
참으로 어처구니없게도, 어느새 사람 키만한 높이에 잎이 돋아났고
달콤한 냄새를 풍기는 작은 꽃들이 피어 있다.
지붕처럼 울창하게 우거진 그 나뭇가지들 아래가
벌써 무덥다. 뜨거운 태양도
하늘도 가려서 보이지 않는다.
대장은 도끼를 가져오라고 고함친다.
도끼는 저쪽 황소들이 울던 곳에 있다.
황소들이 보이지 않는다. 더러운 욕설과 함께
병사들은 그들 사이로 기어 들어온 나뭇가지에 부딪치면서
숙영지 구역 안에서 비틀거린다.
힘이 빠진 팔로 그들은 나뭇가지들을 향하여
우악스럽게 달려들지만, 이 식물은

마치 미풍이 밖에서 그 사이로 불어오듯 가볍게 떨릴 뿐이다.
몇 시간의 작업 끝에 땀을 비오듯 흘리며 그들은
그 못보던 나뭇가지에 절망적으로 이마를 대고 비볐다.
나뭇가지들은 천천히 자라면서 퍼져나가 무서운 기세로 얽혀진다. 나중에,
위로 나뭇잎이 우거져 캄캄한 저녁때가 되자,
그들은 우리에 갇힌 원숭이처럼, 겁도 나고
굶주림에 지쳐 말없이 앉아 있다.
밤이면 나뭇가지들은 자랐다. 그래도 달이 떴음에 틀림없어
아직은 희끄무레 밝았으므로, 그들은 서로 바라볼 수 있었다.
아침이 되자 이제는 그 괴물같은 나뭇가지들이 더욱 굵어져서
그들은 죽을 때까지, 다시는 서로 바라볼 수도 없게 되었다.
다음날 밀림에서는 노래소리가 울려왔다.

희미하게 사라져가는 소리였다. 그들은 아마 함께 노래
를 불렀을 것이다.
　밤에는 조용해졌다. 황소들도 잠잠해졌다.
　아침에는 상당히 멀리 떨어진 곳에서 짐승들이
　울부짖는 것 같았다. 그 다음에는 아주 고요한 시간이
왔다. 불어오는 산들바람,
　밝은 햇빛 아래, 밀림은 서서히 퍼져나가
　몇 주일 동안에 그 풀밭을 완전히 없애 버렸다.
(1919년)

---

* 에르난도 코르테스(Hernando Cortez, 1485~1547) : 스페인
　의 정복자. 1519~21년에 멕시코의 원주민 아즈테케 족을 정벌
　하고, 그곳의 총독을 지냈음. 이 시에 직접 등장하지는 않음.

Erinnerung an die Matie A.

마리아*의 추억

1

그 푸르렀던 9월의 어느 날
어린 자두나무 아래서 말없이
그녀를, 그 조용하고 창백한 사랑을
나는 귀여운 꿈처럼 품에 안았었다.
우리의 머리 위로 아름다운 여름 하늘에는
구름은 아주 하얗고 아득히 높아
내가 올려다 보았을 때는, 이미 사라져 버렸다.

2

그 날 이후 수많은 달들, 숱한 세월이
소리없이 흘러 지나가 버렸다.
그 자두나무들은 아마 베어져 없어졌을 것이다.
사랑은 어떻게 되었느냐고 너는 나에게 묻는가?
생각나지 않는다고 나는 너에게 말하겠다.
하지만 네가 무슨 뜻을 품고 있는지 나는 이미 분명히 알고 있다.
그러나 그녀의 얼굴은 정말로 끝끝내 모르겠다.

내가 언젠가 그 얼굴에 키스를 했다는 것만 알고 있을 뿐이다.

3

그 키스도, 구름이 거기 떠있지 않았더라면
벌써 오래 전에 잊어 버렸을 것이다.
그 구름을 나는 아직도 알고 앞으로도 항상 알고 있을 것이다.
구름은 아주 하얗고 위에서 내려 왔었다.
어쩌면 자두나무들은 아직도 변함없이 꽃피고
어쩌면 그 여자는 이제 일곱번째 아이를 가지고 있을 것이다.
그러나 그 구름은 잠깐동안 피어 올랐고
내가 올려다 보았을 때, 이미 바람에 실려 사라졌었다.

(1920년)

---

* 아우구스부르크 시절의 애인. 로자 마리 아만(Rosa Marie Aman).

Ballade vom Weib und Soldaten

여자와 병사의 발라드*

총기는 불을 뿜고, 창검은 찔러 대고,
물은 철버덕거리며 걸어 들어오는 자들을 모조리 삼켜 버리네.
얼음에 대항하여 당신들이 무엇을 할 수 있겠어요? 현명하지 못한 짓은 그만두어요!
여자**는 병사에게 이렇게 말했네.
그러나 총탄을 장전한 병사는
북소리가 들려 오자, 웃어 넘겨 버렸네.
행군은 절대로 두렵지 않다오!
남쪽으로 내려갔다 북쪽으로 올라갔다 하면서
칼은 손으로 막아내거든!
병사들은 여자에게 이렇게 말했네.

아, 현명한 사람의 충고를 싫어하고
나이먹은 사람의 조언을 듣지 않는 자는 쓰디쓴 후회를 하기 마련.
아, 너무 들뜨지 말아요, 나쁜 결과가 다가오고 있어요!
여자는 병사에게 이렇게 말했네.

그러나 허리에 칼을 찬 병사는
그녀의 얼굴을 마주보고 차가운 웃음을 남긴 채, 강물의 얕은 목을 건너 갔네.
물이 두려울 것 무엇 있겠소?
죽더끼 지붕 위로 달빛이 허옇게 비칠 때
우리는 다시 오리다. 그렇게 되도록 기도해 주오!
병사들은 여자에게 이렇게 말했네.

당신들은 연기처럼 사라질 거에요. 체온도 함께 사라져 버리겠지요.
당신들의 싸움질이 우리의 몸을 녹여주지는 못해요!
아, 연기는 얼마나 빨리 사라져 버리는가! 하느님 그이를 보살펴 주소서!
여자는 병사에 대하여 이렇게 말했네.

허리에 칼을 찬 병사는
창을 든 채 쓰러졌고, 강물에 휩쓸려 내려갔네.
물은 철버덕거리며 걸어 들어오는 자들을 모조리 삼켜 버렸네.

차가운 달빛이 죽더끼 지붕위로 허옇게 비치었건만
병사는 얼음과 함께 떠내려 갔네.
병사들은 여자에게 무엇이라 말했던가?

그는 연기처럼 사라졌네, 체온도 함께 사라져 버렸네.
그리고 그의 싸움질이 그녀의 몸을 녹여 주지는 못했네.
아, 현명한 사람의 충고를 싫어하는 자는 쓰디쓴 후회를 하기 마련!
여자는 병사에게 이렇게 말했었네.

(1919년)

---

* 희곡「억척어멈과 그의 자식들」제 3장에 나오는 노래. 1~4연은 아일립, 5~7연은 억척어멈이 부름.
** 억척어멈처럼 전쟁에서 산전수전 다 겪어 살아남는 지혜를 터득한 늙은 계집.

Gegen Verführung
유혹당하지 말 것*

1
유혹당하지들 말아라!
삶의 윤회라는 것은 없다.
낮은 문 안에 있다.
너희들은 벌써 밤바람을 느낄 수 있을 것이다.
아침은 다시 오지 않는다.

2
기만당하지들 말아라!
인생이란 얼마 되지 않는다.
재빠른 속도로 훌쩍훌쩍 그것을 들여 마셔라!
너희들이 그러기를 멈추게 되면
인생은 너희들을 만족시키지 못할 것이다!

3
현혹당하지들 말아라!
너희들에게 시간이 너무 많지는 않다!
구원받은 자에게는 곰팡이나 피게 해라!

인생이 가장 위대한 것이다.
그것은 이상 더 준비를 하지 않는다.

4

부역과 착취를 감내하도록
유혹당하지들 말아라!
어떻게 너희들은 아직도 불안에 사로잡힐 수 있느냐?
모든 동물들과 마찬가지로 너희들은 죽을 것이고
그 후에는 아무것도 다시 오지 않는다.

(1920년)

---

* 원래의 제목은 「루시퍼의 저녁노래」. 루시퍼는 악마의 왕. 신과 내세의 존재를 부정하고 현세의 삶만을 긍정.

Vom ertrunkenen Mädchen

익사한 소녀*

1

그녀가 물에 빠져 죽어 냇물로부터
넓은 강물로 떠내려 갔을 때
하늘의 오팔(蛋白石)은 마치 그 시체를
위안하려는 듯 매우 찬란하게 비추었다.

2

수초와 해초가 그녀에게 엉겨 붙어
그녀는 차츰 아주 무거워졌다.
물고기들은 그녀의 발치에서 서늘하게 헤엄쳤고
식물과 동물들이 그녀의 마지막 여행을 더욱 힘들게 했다.

3

하늘은 저녁이면 연기처럼 어두워졌고
밤이 되면 별빛이 떠있었다.
그리고 그녀에게도 아침과 저녁이 있도록
하늘은 일찍 밝아졌다.

4

그녀의 창백한 몸통이 물 속에서 썩었을 때

(매우 천천히) 일어난 일이지만, 하느님은 서서히 잊어버렸다.

처음에는 그녀의 얼굴을, 다음에는 손을, 그리고 맨 마지막에야 비로소 그녀의 머리카락을.

그 뒤에 그녀는 많은 짐승의 시체가 가라앉은 강물 속에서 썩은 시체가 되었다.

(1920년)

---

* 첫번째 희곡「바알」에 나오는 물질적 회귀의 노래.

Vom armen B.B.

불쌍한 베베*

1

나, 베르톨트 브레히트는 검은 숲** 출신이다.
나의 어머니는, 내가 그녀의 뱃속에 누워 있을 때, 도시로
나를 데려왔다. 그래서 숲의 차가운 기운이
죽을 때까지 나의 내면에 서려있게 된다.

2

아스팔트 도시***를 나는 집으로 삼는다. 애초부터
신문, 담배, 브랜디를 가지고
모든 종부성사(終傅聖事)를 치룬다.
아무것도 믿지 않고, 게으름 부리고, 마침내 만족하면서.

3

나는 사람들에게 친절하다. 그들의 풍속에 따라
나는 중산모자를 쓰고 있다. 사람들은
아주 유별나게 냄새나는 동물이라고 나는 말한다.
그리고, 괜찮다, 나도 그 가운데 하나라고 말한다.

4

오전이면 나의 비어있는 흔들의자에
때때로 여자를 두세 명 앉히고
무심히 바라보다가 그들에게 이렇게 말한다.
너희들은 나에게서 믿을 수 없는 남자를 한 사람 보고
있다.

5

저녁에는 나의 주변에 남자들을 모아놓고
우리는 서로 '젠틀맨'이라고 부른다.
그들은 나의 책상 위에다 발을 올려 놓고****
말한다. 우리의 사정은 좋아질거야. 그러면 나는 언제
냐고 묻지 않는다.

6

아침이 되면 희끄무레한 새벽에 전나무들이 오줌을 누고
이 나무들을 해치는 동물, 새들이 울기 시작한다.
이 때쯤 나는 도시에서 나의 잔을 비우고 담배꽁초를
던져 버리고 불안하게 잠든다.

7

파괴될 수 없으리라 여겨졌던 집 속에서
경박한 종족인 우리는 살아 왔다.
(그리하여 우리는 맨하탄 섬의 고층건물들을 세우고
대서양을 아래 두고 가느다란 안테나를 세웠다.)

8

이 도시들로부터 남을 것은, 그곳을 가로질러 지나간 바람 뿐이다!
즐겁게 집은 먹는 사람을 만들고, 먹는 사람은 집을 비워버린다.
우리는 알고 있다. 우리가 잠시 지나가 버리는 존재라는 것을
그리고 우리의 뒤에도 이렇다 할만한 것은 오지 않으리라는 것을*****

9

닥쳐 올 지진 때, 바라건대 내가 쓰디쓴 환멸 때문에 나의 버지니아 궐련을 꺼지게 하지 말아야 할 터인데.

나, 베르톨트 브레히트는 옛날에 어머니의 몸 속에서 검은 숲을 떠나
　아스팔트 도시 속으로 흘러 왔다.

(1922년)

---

* 베르톨트 브레히트(Bertolt Brecht)의 첫글자를 따서 만든 약칭(B.B.). 이 시는 자전적 요소를 내포하고 있음.
** 브레히트의 양친은 슈바르쯔발트(독일 남서부에 있는 산맥) 태생. 이 지명을 뜻으로 풀어보면 '검은 숲'.
*** 베를린을 지칭
**** 전형적인 아메리카 스타일
***** 역사의 발전을 부정하는 문명 비관주의

제2부

물레방아의 발라드

Verwish die Spuren

흔적을 감추어라*

역에서 너의 동료와 헤어져라.
아침에 웃도리의 단추를 잠그고 시내로 가라.
네가 묵을 숙소를 찾아라. 그리고 너의 동료가 문을 두드리거든
열어주지 말고, 오, 문을
열어주지 말고
흔적을 감추어라!

함부르크같은 도시에서 너의 부모를 만나게 되거든
모르는 사람처럼 그들 곁을 지나서 모퉁이를 돌아가거라. 그들을 아는 체하지 말아라.
그들이 너에게 사준 모자를 얼굴 깊숙이 눌러 써라.
보여주지 말고, 오, 너의 얼굴을
보여주지 말고
흔적을 감추어라!

거기있는 고기를 먹어라! 돈을 아끼지 말아라!
비가 오면 어느 집이든 들어가서 거기있는 아무 의자에나 앉아라.

그러나 계속해서 앉아 있지는 말아라! 그리고 너의 모자를 잊지 말아라!
분명히 일러둔다.
흔적을 감추어라!

언제나 네가 하는 말은 두 번 말하지 말아라.
다른 사람에게서 너와 같은 생각을 발견하거든 그것을 부인해라.
자기의 서명을 하지 않은 자, 사진을 한 장도 남기지 않은 자,
현장에 있지 않았던 자, 아무말도 하지 않았던 자가
어떻게 잡힐 수 있겠느냐!
흔적을 감추어라!
만약에 네가 죽게 될 것 같으면, 묘비를
세우지 않도록 조심해라. 그리고
너를 나타내는 분명한 필적으로
너의 죄를 확인하는 사망년도와 함께
네가 어디에 묻혀 있는지 알려라!
다시 한 번 말해 둔다.

흔적을 감추어라!

(위와 같이 나는 배웠다.)

(1926/27년)

---

*「도시 거주자를 위한 독본에서」의 첫번째 시.

Das Lied von der Unzulänglichkeit
menschlichen Strebens

인간 노력의 불충족에 관한 노래*

1

인간은 머리를 써가며 살아야 한다.
그 머리가 인간에게 모자란다.
하기는 해보아라, 너의 머리 덕택에
적어도 이가 한 마리 살고 있으니
    우리의 인생을 살아 가기에는
    인간이 교활해도 모자라기 마련.
    온갖 거짓말과 속임수를 인간은
    결코 알아채지 못한다.

2

그래, 그저 계획이나 세워라!
그저 큰 빛이 되거라!
그리고 뒤이어 두번째 계획을 또 세워라!
그것은 둘 다 이루어지지 않는다.
    우리의 인생을 살아 가기에는
    인간이 악독해도 모자라기 마련.
    그래도 인간의 고매한 노력은

한가지 장점이다.

3

그래, 그저 행복을 쫓아서 달려라!
하지만 너무 급히 가지는 마라!
모두들 행복을 쫓아서 달려가면
행복은 나중에서야 뒤따라 온단다.
    우리의 인생을 살아 가기에는
    인간이 겸손해도 모자라기 마련.
    그러므로 인간의 모든 노력은
    자기기만에 지나지 않는다.

4

인간이란 도대체 선량하지 못하니까
그의 머리를 갈겨 주어라.
네가 그의 머리를 갈겨 주면
그는 혹시 선량해 질지도 모른다.
    우리의 인생을 살아 가기에는
    인간이 선량해도 모자라기 마련.

그러므로 너희들은 그의 머리를
서슴치 말고 갈겨 주어라.

(1928년)

---

* 「서푼짜리 오페라」에 나오는 노래. 고답적 시형식과 천박한 언어를 구사하여 도덕적 기대와 비속한 진술의 부조화를 표현했음.

Die Liebenden

사랑하는 사람들*

커다란 곡선을 그리며 날고 있는 저 두루미들을 보아
라!
　하나의 삶을 벗어나 다른 삶의 공간으로
　그들이 날아가 버렸을 때, 그들과 곁들여 있었던
　구름도 이미 그들을 따라갔다.
　똑같은 높이와 똑같은 속도로
　두 마리의 두루미는 아주 바싹 붙어서 날고 있는 듯 보
인다.
　그들이 잠시 날고 있는 아름다운 하늘을
　두루미는 구름과 함께 분할하는 것 같다.
　그리하여 하늘에서는 지금 둘이서 바람을 타고 나란히
날으면서
　느끼는 상대방의 몸놀림 밖에는
　아무것도 더 오래 지속하지 않고
　아무것도 보이지 않는 것 같다.
　이렇게 바람은 그들을 무(無)의 경지로 유혹하려 한다.
　그들이 덧없이 사라지지 않고 머무른다면, 그동안
　아무것도 그들 둘을 건드릴 수 없고
　비가 두렵거나 총소리가 울리는 모든 곳으로부터

그들을 쫓아 버릴 수 있을 것이다.
그러면 별다른 차이 없이 둥그런 해와 달 아래서
서로 담뿍 사랑에 도취하여, 그들은 끝없이 날아갈 것이다.
너희들은 어디로 날아 가느냐? —— 아무 곳도 아닌 곳으로. —— 누구로부터 떠나 왔느냐? —— 모든 것들로부터.
그들이 함께 있은지 얼마나 되었느냐고, 당신들은 묻는가?
조금 아까부터다. —— 그러면 언제 그들은 헤어질 것이냐고? —— 곧.
이처럼 사랑이란 사랑하는 사람들에겐 하나의 짧은 멈춤으로 보인다.

(1928년)

---

* 본래 오페라 「마하고니 시의 번영과 몰락」에 나오는 노래. 현실 세계와 유리된 행복의 허망.

Song von der Ware

상품의 노래*

쌀은 이 아래 강가에 있네.
저 위의 시골에 사는 사람들은 쌀이 필요하네.
우리가 쌀을 창고에 쌓아 두면
쌀은 그들에게 비싸게 될 것이네.
그러면 거룻배로 쌀을 실어 나르는 사람들은
쌀을 더욱 조금 밖에 받지 못하고
나에게는 쌀이 더욱 싸게 될 것이네.
도대체 쌀이란 무엇인가?
  쌀이 무엇인지 나는 아는가?
  누가 그것을 아는지 내가 알게 무어람!
  쌀이 무엇인지 나는 모르네.
  나는 그저 쌀값만 알고 있을 뿐.
겨울이 되면, 사람들은 옷이 필요하네.
그러면 사람들은 솜을 사야만 하고
그 솜을 내놓으려 하지 않을 것이네.
추위가 오면, 옷은 점점 비싸지네.
방적공장들은 임금을 너무 많이 지불하네.
이제는 어디를 가나 솜이 너무 많네.
도대체 솜이란 무엇인가?

솜이 무엇인지 나는 아는가?
누가 그것을 아는지 내가 알게 무어람!
솜이 무엇인지 나는 모르네.
나는 그저 솜값만 알고 있을 뿐.

(1929년)

---

* 희곡 「조처」에 나오는 노래.

Die Nachtlager

임시 야간 숙소

들건대, 뉴욕
26번가와 브로드웨이의 교차로 한 귀퉁이에
겨울철이면 저녁마다 한 남자가 서서
모여드는 무숙자(無宿者)들을 위하여
행인들로부터 동냥을 받아 임시 야간 숙소를 마련해 준
다고 한다.*

그러한 방법으로는 이 세계가 달라지지 않는다.
인간과 인간의 관계가 나아지지 않는다.
그러한 방법으로는 착취의 시대가 짧아지지 않는다.
그러나 몇 명의 사내들이 임시 야간 숙소를 얻고
바람은 하룻밤 동안 그들을 비켜가고
그들에게 내리려던 눈은 길 위로 떨어질 것이다.

책을 읽는 친구여, 이 책을 내려놓지 마라.
몇 명의 사내들이 임시 야간 숙소를 얻고
바람은 하룻밤 동안 그들을 비켜가고
그들에게 내리려던 눈은 길 위로 떨어질 것이다.
그러나 그러한 방법으로는 이 세계가 달라지지 않는다.

그러한 방법으로는 인간과 인간의 관계가 나아지지 않는다.

그러한 방법으로는 착취의 시대가 짧아지지 않는다.

(1931년)

---

* 1929년 세계 경제공황의 여파.

Die Ballade vom Wasserrad

물레방아의 발라드*

1

이 세상의 위대한 인물들에 관하여
영웅찬가는 우리에게 알려 준다네.
위대한 인물들은 천체가 운행하듯
떠올랐다가 내려간다고.
이 말은 마음에 들어 누구나 알고 있을 테지.
다만 그들을 먹여 살려야만 하는 우리에게는
그것이 언제나 거의 마찬가지였다네.
상승을 하든, 몰락을 하든, 누가 그 비용을 부담하는가?
    물론 물레방아는 언제나 계속해서 돌아가므로
    위에 있는 것이 위에만 머물 수는 없지.
    그러나 아래 있는 물은 유감스럽게도
    그저 영원히 물레바퀴를 돌려야 할 뿐이라네.

2

아, 우리는 별별 주인을 다 모셨다네.
호랑이와 하이에나를 주인으로 모셨고
독수리도 모셨고 돼지도 모셨다네.
그리고 이 주인 저 주인 다 먹여 살렸지.

어떤 주인이 더 낫고 어떤 주인이 더 못했느냐고?
아, 장화란 장화는 언제나 모두 똑같이
우리를 짓밟아 댔지. 자네들은 내마음을 알 거야.
우리는 다른 주인을 요구하는 것이 아니라 주인이 도대
체 필요없다네!
물론 물레방아는 언제나 계속해서 돌아가므로
위에 있는 것이 위에만 머물 수는 없지.
그러나 아래 있는 물은 유감스럽게도
그저 영원히 물레바퀴를 돌려야 할 뿐이라네.

3

그들은 약탈물을 나꿔채 가려고 피투성이가 되어
서로 대갈통을 갈기며 싸우고
상대방을 탐욕스런 멍청이라 부르고
자신은 스스로 착한 사람이라 부른다네.
끊임없이 우리는 그들이 서로 으르렁거리면서
싸우는 것을 본다네. 오직 단 한 번
우리가 그들을 먹여 살리지 않으려 할 때면
그들은 갑자기 하나로 완전히 뭉친다네.

물론 물레방아는 언제나 계속해서 돌아가므로
위에 있는 것이 위에만 머물 수는 없지.
그러나 아래 있는 물은 유감스럽게도
그저 영원히 물레바퀴를 돌려야 할 뿐이라네.

(1931년)

---

* 희곡「둥근머리와 뾰족머리」에 나오는 노래.

Ich habe gehört, ihr wollt nichts lernen

당신들이 아무것도 배우려 하지
않는다고 나는 들었다

당신들이 아무것도 배우려 하지 않는다고 나는 들었다.
추측컨대, 당신들은 백만장자인 모양이다.
당신들의 미래는 보장되어 있다. —— 미래가
당신들 앞에 환히 보인다. 당신들의 부모는
당신들의 발이 돌멩이에 부딪히지 않도록
미리 준비해 놓았다. 그러니 당신은
아무것도 배우지 않아도 된다. 당신은 지금 그대로
계속해서 살 수가 있을 것이다.

비록 시대가 불안하여, 내가 들은 대로,
어려운 일이 생긴다 하더라도,
당신에게는 만사가 잘 되려면 어떻게 해야 할 지를
정확하게 말해 줄 당신의 안내자들이 있다.
어떤 시대나 타당한 진리와
언제나 도움이 되는 처방을
알고 있는 사람들에게서
그들은 모든 요령을 수집해 놓았을 것이다.

당신을 위하여 이렇게 많은 사람들이 있는 한
당신은 손가락 하나 움직일 필요가 없다.
그러나 만일에 사정이 달라진다면
물론 당신도 배워야만 할 것이다.

(1932년)

Lob des Lernens

배움을 찬양함*

가장 단순한 것을 배워라! 자기의
시대가 도래한 사람들에게는
결코 너무 늦은 것이란 없다!
알파벳을 배워라, 그것으로 충분하지는 못하지만
우선 그것을 배워라! 꺼릴 것 없다!
시작해라! 당신은 모든 것을 알아야만 한다!
당신이 앞장을 서야만 한다.

배워라, 난민 수용소에 있는 남자여!
배워라, 감옥에 갇힌 사나이여!
배워라, 부엌에서 일하는 부인이여!
배워라, 나이 60이 넘은 사람들이여!
학교를 찾아가라, 집없는 자여!
지식을 얻어라, 추위에 떠는 자여!
굶주린 자여, 책을 손에 들어라. 책은 하나의 무기다.
당신이 앞장을 서야만 한다.

묻기를 서슴지 말아라, 친구여!
아무것도 믿지 말고

스스로 조사해 보아라!
당신 자신이 알지 못하는 것은
당신이 모르는 것이다.
계산서를 확인해 보아라!
당신이 그 돈을 내야만 한다.
모든 항목을 하나씩 손가락으로 짚어가면서
물어보아라, 그것이 어떻게 여기에 끼어들게 되었나?
당신이 앞장을 서야만 한다.

(1931년)

---

* 희곡 「어머니」에 나오는 노래.

Das Lied vom Anstreicher Hitler

칠장이 히틀러의 노래

1

칠장이 히틀러는
말했네, 친애하는 국민 여러분, 나에게 일할 기회를 주십시오!
그리고 그는 갓 만든 회반죽을 한 통 가져와
독일 집을 새로 칠했다네.
모든 독일 집을 온통 새로 칠했다네.

2

칠장이 히틀러는
말했네, 이 신축가옥은 곧 완공됩니다!
그리고 구멍난 곳과 갈라진 곳과 빠개진 곳들
모든 곳을 모조리 발라 버렸다네.
모든 똥덩이를 온통 발라 버렸다네.

3

오 칠장이 히틀러여
왜 자네는 벽돌장이가 되지 못했나? 자네의 집은
회칠이 비를 맞으면

그 속의 더러운 것들이 다시 드러난다네.
그 똥뒷간 전체가 다시 드러난다네.

4

칠장이 히틀러는
색깔을 빼놓고는 아무것도 배운 바 없어
그에게 정작 일할 기회가 주어지자
모든 것을 잘못 칠해서 더럽혔다네.
독일 전체를 온통 잘못 칠해서 더럽혔다네.

(1933년)

제3부

스벤보르 詩篇

Der Schneider von Ulm

울름의 재단사*
(1592년 울름에서)

주교(主教)님, 저는 날을 수 있어요.
재단사가 주교에서 말했습니다.
주의해 보세요, 제가 어떻게 날으는지!
그리고 그는 날개처럼 생긴 것을
가지고 높고 높은 성당
지붕 위로 올라갔습니다.

    주교는 계속해서 걸어갔습니다.
    그것은 새빨간 거짓말이야
    사람은 새가 아니거든
    앞으로도 사람은 절대로 날을 수 없을 거야
    주교는 재단사에 대하여 말했습니다.

그 재단사가 죽었어요.
사람들이 주교에게 말했습니다.
굉장한 구경거리였어요.
그의 날개는 부러져 버렸고
그의 몸은 박살이 나서

굳고 굳은 성당 마당에 놓여 있어요.

성당의 종을 울리시오.
그것은 거짓말에 지나지 않았소.
사람은 새가 아니오.
앞으로도 사람은 절대로 날을 수 없을 것이오.
주교는 사람들에게 이렇게 말했습니다.

(1934년)

---

* 1811년 5월 30일 울름에 사는 재단사 베르플링어(Ludwig Albrecht Berblinger, 1771~1829)가 높은 언덕으로부터 활공하여 도나우강을 건너려다가, 비행체의 한쪽 날개가 부러져서 강물에 떨어졌다. 이 재단서는 구조된 뒤 다시는 날기를 시도하지 않았다고 한다. 이 실화를 브레히트는 16세기로 옮겨 놓았다.

Der Krieg, der Kommen wird

앞으로 일어날 전쟁은

앞으로 일어날 전쟁은
첫번째 전쟁이 아니다. 그 이전에도
이미 여러차례 전쟁이 일어났었다.
지난번 전쟁이 끝났을 때
승전국과 패전국이 있었다.
패전국에서 하층 서민들은
굶주렸다. 승전국에서도 역시
하층 서민들은 굶주렸다.

(1936/37년)

Gedanken über die Dauer des Exils

망명기간에 관한 단상*

1

벽에다 못을 박지 말자.
저고리는 의자 위에 걸쳐 놓자.
무엇 때문에 나흘씩이나 머무를 준비를 하느냐?
너는 내일이면 돌아갈 것이다.

어린 나무에 물을 줄 필요도 없다.
나무는 또 무엇하러 심겠느냐?
그 나무가 한 계단의 높이도 자라기 전에
너는 즐겁게 여기를 떠날 것이다.

사람들이 지나갈 때는 모자를 얼굴 깊숙이 눌러 써라!
무엇 때문에 외국어 문법책을 뒤적거리겠느냐?
너를 고향으로 돌아오라고 부르는 소식은
모국어로 씌어져 있을 것이다.

서까래에서 석회가 떨어지듯
(그것을 막으려고 하지 마라!)
정의에 거역하여

국경에 설치해 놓은
폭력의 울타리는 썩어 무너질 것이다.

2

네가 벽에 박아 놓은 저 못을 보아라.
언제쯤 너는 돌아갈 것 같으냐?
네가 마음 속 깊이 믿고 있는 바가 무엇인지 너는 알고 있지 않느냐?

날이면 날마다
너는 해방을 위하여 일하고
방구석에 틀어박혀 글을 쓰고 있다.
네가 너의 일을 어떻게 생각하고 있는지 너는 알고 있지 않느냐?
마당 한 귀퉁이에 있는 저 밤나무를 보아라.
물이 가득 담긴 주전자를 너는 이제 그리로 무겁게 나르고 있구나!

(1936/37년)

---

* 덴마크의 스벤보르에서 망명생활(1933~39년)을 할 때.

Der Kirschdieb

버찌도둑

어느날 새벽, 닭이 울기 훨씬 전에
휘파람소리에 잠이 깨어 나는 창가로 갔다.
새벽 어스름이 정원에 가득한데 —— 우리 벗나무 위에
기운 바지를 입은 어떤 젊은이가 올라와 앉아
신나게 우리 버찌를 따고 있었다. 나를 보자
가볍게 고개를 끄덕이고, 두 손으로
나뭇가지에 달린 버찌를 따서 자기의 주머니에 넣었다.
내가 다시 잠자리로 돌아와 누운 뒤에도 꽤 한참 동안
그가 짧막한 노래를 흥겹게 휘파람부는 소리가 들려 왔다.

(1938년)*

---

* 덴마크 망명시절에 시인의 인생관은 궁핍한 생활을 체험하며 많이 달라졌음.

Frühling 1938

1938년 봄*

1

  오늘, 부활절 주일 새벽에
  갑자기 눈보라가 이 섬**에 들이닥쳤다.
  푸릇푸릇 싹트는 가시나무 덤불 사이에 눈이 쌓였다. 나의 어린 아들***이
  시를 쓰고 있는 아빠를 담 옆의 조그만 살구나무 곁으로 데려갔다.
  대륙과 섬과 나의 민족과 나의 가족과 나를
  말살하려고 전쟁을 준비하는 자들을
  나는 그 시에서 손가락으로 가리키고 있었다.
  말없이 우리는 자루를 한 개 가져다
  추위에 얼고 있는 그 나무를 덮어 주었다.

2

  해협 위로는 먹장구름이 떠 있지만, 정원에는
  아직도 황금빛 햇살이 가득하다. 배나무는
  잎은 푸르러도 꽃은 아직 피지 않았고, 이와 반대로 벚나무는

꽃은 피었어도 아직 잎은 나오지 않았다. 하얀 꽃봉오리가
마른 나뭇가지에서 솟아나온 것처럼 보인다.
물결치는 해협에는
기운 돛을 단 작은 배가 떠있다.
찌르레기 우짖는 소리 사이로
제3제국의 기동연습함대****가
멀리서 쏘아대는 포성이
천둥처럼 울려 온다.

3

해협을 둘러싸고 서있는 버드나무에서
올해는 이른 봄 밤에 올빼미가 운다.
농부들의 미신에 의하면
올빼미는 사람들에게 오래 살지 못할 것을
알려 준다고 한다. 나에게는,
지배자들에 관하여 진리*****를 말한 바 있는 나에게는
저 죽음의 새가

그들이 오래 가지 못할 것임을 알려주지 않아도 된다.

(1938년)

---

* 나찌스 독일군의 오스트리아 진입 및 합병
** 스벤보르는 덴마크의 퓌넨 섬에 위치.
*** 브레히트와 헬레네 바이겔 사이에 태어난 아이. 슈테판 (Stefan).
**** 단찌히를 점령하기 위한 예행연습. 1939년 제3제국의 폴랜드 침공과 함께 제2차 세계대전 발발.
***** 절대적 진리가 아니라 실제적 진실을 의미. 다가오는 전쟁과 그 결과의 예견.

Die Bücherverbrennung

분서 (焚書) *

위험한 지식이 담긴 책들을 공개적으로 불태워 버리라고
이 정권(政權)이 명령하여, 곳곳에서
황소들이 끙끙대며 책이 실린 수레를
화형장(火刑場)으로 끌고 왔을 때, 가장 뛰어난 작가의 한 사람으로서
추방된 어떤 시인이 분서목록을 들여다 보다가
자기의 책들이 누락된 것을 알고
깜짝 놀랐다. 그는 화가 나서 나는 듯이
책상으로 달려가, 집권자들에게 편지를 썼다.
나의 책을 불태워 다오! 그는 신속한 필치로 써내려갔다. 나의 책을 불태워 다오!
그렇게 해 다오! 나의 책을 남겨 놓지 말아 다오! 나의 책들 속에서
언제나 나는 진실을 말하지 않았느냐? 그런데 이제 와서
너희들이 나를 거짓말장이처럼 취급한단 말이냐! 나는 너희들에게 명령한다.

나의 책을 불태워 다오!

(1938년)

---

* 히틀러가 권력을 장악한 1933년 5월 10일 문화 공보성장관 괴벨스의 지휘 아래 독일의 모든 대학도시에서 나찌스가 금지한 책들을 불태웠음. 분서된 작가의 수효가 무려 131명에 이르렀음.

Legende von der Entstehung des Buches Taoteking auf dem Weg des Laotse in die Emigration

노자(老子)가 떠나던 길에
도덕경(道德經)을 써주게 된 전설*

1

노자가 나이 칠순(七旬)이 되어 노쇠하였을 때
물러가 쉬고 싶은 생각이 이 스승을 사로잡았다.
왜냐하면 이 나라에는 선(善)이 다시 약화되고
악(惡)이 다시 득세하게 되었기 때문이다.
그래서 그는 신발 끈을 매었다.

2

그리고 필요한 것을 챙겨 짐을 꾸렸다.
아주 작았지만, 그래도 이것저것 몇 개 되었다.
이를테면 그가 저녁이면 언제나 피우던 담뱃대,
그가 언제나 읽던 작은 책.
눈대중으로 어림잡아 흰빵 조금.

3

산맥 속으로 길이 접어들자 그는
다시 한 번 산골짜기의 경관이 즐거워 모든 것을 잊었다.

이 노인을 태우고 가는 황소도
신선한 풀을 씹으며 좋아했다.
아무리 천천히 걸어도 괜찮았기 때문이었다.

4

그런데 네째 날 한 암문(岩門)에 이르자
세리(稅吏) 한 사람이 그의 길을 막았다.
"세금을 부과할 귀중품이 없습니까?"──"없소."
황소를 몰고 가는 동자(童子)가 말했다. "이 분은 많은
사람들을 가르치신 스승이셔요."
이렇게 하여 통관절차는 끝났다.

5

그러나 그 사나이는 기분이 아주 좋아져서
또 물었다. "이 분에게 무엇을 좀 얻어들은 것이 있느냐?"
동자가 말했다. "흐르는 부드러운 물이
시간이 가면 단단한 돌을 이기는 법이니라**

강(强)한 것이 유(柔)한 것에게 진다는 뜻을 당신은 아시겠지요."

6

저물어 가는 햇빛을 허송하지 않으려고
동자는 이제 황소를 몰았다.
그리하여 셋이서 한 그루 검은 소나무 옆을 돌아 사라지려 할 때
갑자기 그 사나이가 흥분하여
소리쳤다. "여보시오, 어이! 잠깐만 서시오!

7

그 물이 어떻게 됐다는 겁니까, 노인장?"
노인은 멈추어 섰다. "그것이 당신에게 흥미가 있소?"
사나이는 말했다. "나는 한갓 세리에 지나지 않지만
누가 누구에게 이긴다는 것인지, 그것이 나의 흥미를 끕니다.
당신이 그것을 아신다면, 말씀해 주십시오!

8

나에게 그것을 써 주십시오! 이 동자더러 받아 쓰도록
해 주십시오!
그런 것은 혼자서 가지고 가버리면 안됩니다.
저기 우리 집에 종이와 먹이 있습니다.
그리고 저녁식사도 있습니다. 나는 저기 삽니다.
자, 이만한 약속이면 되겠습니까?

9

어깨 너머로 노인은 그 사나이를
내려다 보았다. 기워 입은 웃옷에 맨발.
이마에는 주름살이 딱 한 개.
아, 노인에게 다가선 그는 어느 모로 보나 승자(勝者)는
아니었다.
노인은 중얼거렸다. "당신도 홍미가 있다고?"

10

이 겸손한 청을 거절하기에 노인은
너무 늙은 것으로 보였다.

왜냐하면 그는 큰 소리로 이렇게 말했기 때문이다. "무엇인가 묻는 사람은

대답을 얻기 마련이지," 동자도 말했다. "벌써 날씨도 차가와지는데요."

"좋다, 잠깐 머물렀다 가자."

11

그 현인(賢人)은 타고 있던 황소의 등에서 내려
이레 동안 둘이서 기록했다.
그 세리는 식사를 갖다 주었고(이 기간동안은 내내 밀수꾼들에게도 아주 목소리를 낮추어 욕을 했다.)
그리하여 일은 끝났다.

12

어느날 아침 세리에게 동자는
여든 한 장(章)의 기록을 건네주었다.
약간의 노자(路資)에 감사하면서
그들은 그 소나무를 돌아 암문으로 들어갔다.
말해보라, 사람이 이보다 더 겸손할 수 있는가?

13

그러나 그 이름이 책에서 유달리 눈에 띄는
이 현인만 찬양하지는 말자!
왜냐하면 현인으로부터는 그의 지혜를 빼앗아 내야 하는 법이다.
그러므로 그 세리에게도 감사해야 한다.
그가 바로 노자에게 지혜를 달라고 간청했었던 것이다.

(1937/38년)

---

* 노자는 주(周)나라에서 오래 살다가 주나라의 덕(德)이 시드는 것을 보고 그곳을 떠나 함곡관(函谷關)에 이르렀다. 그곳에서 관령(關令)인 윤희(尹喜)의 간청으로 도(道)와 덕(德)의 학설 5천여 마디를 기록하여 남긴 것이 81장(章)으로 된 도덕경(道德經)이라고 한다.
** 도덕경 제 78장

Lob des Zweifels

의심을 찬양함

의심을 품는 것은 찬양받을 일이다! 당신들에게 충고하노니
  당신들의 말을 나쁜 동전처럼 깨물어보는* 사람을
  즐겁게 존경하는 마음으로 환영하라!
  당신들이 현명하여 너무 믿을만한 약속은
  하지 않기를 나는 바랐었다.

  역사를 읽고 무적의 군대가
  혼비백산 도주하는 것을 보아라.
  곳곳에서
  난공불락의 요새가 함락되고
  출범할 때 그 숫자를 헤아릴 수 없었던
  무적함대**가 돌아올 때는
  몇 척 안 되었다.

  이와 마찬가지로 어느 날인가 사람이 올라갈 수 없었던
산봉우리 위에 한 사나이가 올라섰고
  끝이 없다고 믿었던 바다의 끝에
  한 척의 배가 도달했다.

확고불변의 진리를 부정하면서
오 멋져라, 머리를 옆으로 흔드는 것은!
구할 길 없어 포기한 환자에 대하여
오 과감해라, 의사의 치료는!

모든 의심 가운데 가장 훌륭한 것은 그러나
겁많고 허약한 사람들이 머리를 쳐들고 일어나
그들을 억압하는 자들의 강력한 힘을 이제는 더
믿으려 하지 않는 것이다!

오, 얼마나 힘들여 하나의 교리는 쟁취되었던가!
얼마나 많은 희생을 치루었던가!
이것은 꼭 이러한 것이지 대충 그러한 것이 아님을
알기까지는 얼마나 어려웠던가!
안도의 한숨을 쉬면서 어느날 한 사람이 그 교리를 지식의 비망록에 써 넣었다.
아마 오랫동안 그것은 그 책에 수록되어 있었고, 많은 세대가
그것과 함께 살아 오면서 그것을 영원한 지혜로 알고

전문가들은 그것을 모르는 모든 사람들을 경멸하기에 이르렀다.
그런 다음에 불신이 생겨났을 것이다. 왜냐하면 새로운 경험이
그 교리에 의혹을 품게 만들기 때문이다. 의심이 일어난다.
그리고 언젠가 뒷날 신중하게 어떤 사람이 지식의 비망록에서
그것을 지워버린다.

사방에서 울려오는 명령을 받으면서, 수염을 기른 의사들에게
자기의 유용성 여부를 검사받으면서, 황금빛 훈장을 단
눈부신 인사들에게 검열을 받으면서, 하느님이 스스로 만드신 책***을
귀에다 대고 떠들어대는 엄숙한 목사들의 경고를 받으면서,
참을성 없는 선생들의 가르침을 받으면서, 가난한 사람은 서서 듣는다,

이 세계가 모든 세계들 가운데서 가장 좋은 세계이며****
자기 방의 천장에 뚫린 구멍도 하느님이 손수 계획하신 것이라고.
진실로 가난한 사람이
이 세계에 대하여 의심을 품기는 힘들다.
자기가 살지도 않을 집을 짓는 남자가 땀을 뚝뚝 흘리면서 허리를 굽히고 일한다.
자기가 살집을 짓는 남자도 땀을 뚝뚝 흘리면서 고된 일을 한다.

절대로 의심할 줄 모르는 생각없는 사람들도 있다.
그런 사람들의 소화능력은 놀라웁고, 그들의 판단은 틀릴 수도 있다는 것을 모른다.
그들은 사실을 믿지 않고 오직 자신만을 믿는다. 필요한 경우에는
사실이 그들을 믿어야만 한다. 자기 자신에 대한 그들의 참을성은
한계가 없다. 논쟁을 할 때
그들은 첩자의 귀로 듣는다.

절대로 의심할 줄 모르는 생각없는 사람들을
절대로 행동할 줄 모르는 생각깊은 사람들이 만난다.
이 생각깊은 사람들은 결단을 내리기 위해서가 아니라
결단을 피하기 위해서 의심한다. 그들은 자기의 머리를
오직 옆으로 흔드는 데만 사용한다. 근심스러운 표정으로
그들은 침몰하는 배의 승객들에게 물을 조심하라고 경
고한다.
　살인자가 치켜든 도끼 아래서
그들은 살인자 역시 인간이 아닐까 자문한다.
이 일은 아직도 충분히 연구 검토되지 않았다고
중얼거리면서 그들은 잠자리에 들어간다.
　그들의 활동은 우유부단을 본질로 한다.
　그들이 애용하는 말은, 아직 결단을 내릴 단계가 아니
라는 것이다.

　물론, 당신들이 의심을 찬양하더라도,
절망적인 것을 의심하는 것은
찬양하지 말아라!
스스로 결단을 내리지 못하는 사람이라면

의심할 수 있는 능력이 무슨 도움이 되겠느냐!
너무 빈약한 근거에 만족하는 사람은
잘못 행동할 지도 모른다.*****
그러나 너무 많은 근거를 요구하는 사람은
아무런 행동도 하지 못하고 위협 속에 머물게 마련이다.

이제 한 사람의 지도자가 된 당신은 잊지 말아라,
당신이 옛날에 지도자들에게 의심을 품었었기 때문에,
당신이 지금 지도자가 되었다는 것을!
그러므로 당신을 따르는 사람들에게
의심하는 것을 허용하라!

(1939년)

---

* 혹시 가짜 동전이 아닌가 이로 깨물어 시험해 보는.
** 스페인의 무적함대 아마더(Armada). 1588년 영국함대에 의하여 궤멸됨.
*** 성경
**** 라이프니쯔의 낙관적 예정조화설.
***** 베이컨의 지적.

Fragen eines lesenden Arbeiters

어떤 책 읽는 노동자의 의문

성문이 일곱 개나 되는 테베*를 누가 건설했던가?
책 속에는 왕의 이름들만 나와 있다.
왕들이 손수 돌덩이를 운반해 왔을까?
그리고 몇 차례나 파괴되었던 바빌론 ──
그때마다 그 도시를 누가 재건했던가? 황금빛 찬란한
리마**에서 건축노동자들은 어떤 집에 살았던가?
만리장성이 준공된 날 밤에 벽돌공들은
어디로 갔던가? 위대한 로마제국에는
개선문들이 참으로 많다. 누가 그것들을 세웠던가? 로마의 황제들은
누구를 정복하고 승리를 거두었던가? 끊임없이 노래되는 비잔틴에는
시민들을 위한 궁전들만 있었던가? 전설의 나라 아틀란티스***에서조차
바다가 그 땅을 삼켜 버리던 밤에
물에 빠져 죽어가는 사람들이 노예를 찾으며 울부짖었다고 한다.

젊은 알렉산더는 인도를 정복했다.

그가 혼자서 해냈을까?

시이저는 갈리아를 토벌했다.

적어도 취사병 한 명쯤은 그가 데리고 있지 않았을까?

스페인의 필립왕****은 그의 함대가 침몰당하자

울었다. 그 이외에는 아무도 울지 않았을까?

프리드리히 Ⅱ세는 7년전쟁에서 승리했다. 그 이외에도

누군가 승리하지 않았을까?

역사의 페이지마다 승리가 나온다.

승리의 향연은 누가 차렸던가?

10년마다 위대한 인물이 나타난다.

거기에 드는 돈은 누가 냈던가?

그 많은 사실들.

그 많은 의문들.

(1939년)

* 그리이스 중부의 고대도시. 기원전 371년 그리이스의 패권을 잡았음. 기원전 335년 알렉산더 대왕에게 멸망.
** 고대 잉카제국의 중심지. 오늘날 페루의 수도.
*** 대서양의 어느 곳에 있었다가 바다 속으로 가라앉았다는 전설의 섬나라.
**** 그의 무적함대가 1588년 영국에 패망했음.

Schlechte Zeit für Lyrik

서정시를 쓰기 힘든 시대

나도 안다, 행복한 자만이
사랑받고 있음을 그의 음성은
듣기 좋고, 그의 얼굴은 잘 생겼다.

마당의 구부러진 나무가
토질 나쁜 땅을 가리키고 있다. 그러나
지나가는 사람들은 으레 나무를
못생겼다 욕한다.

해협*의 산뜻한 보우트와 즐거운 돛단배들이
내게는 보이지 않는다. 내게는 무엇보다도
어부들의 찢어진 어망이 눈에 띌 뿐이다.
왜 나는 자꾸
40대의 소작인 처가 허리를 꼬부리고 걸어가는 것만 이야기하는가?
처녀들의 젖가슴은
예나 이제나 따스한데.

나의 시에 운을 맞춘다면 그것은

내게 거의 오만처럼 생각된다.
꽃피는 사과나무에 대한 감동과
엉터리 화가**에 대한 경악이
나의 가슴 속에서 다투고 있다.
그러나 바로 두번째 것이
나로 하여금 시를 쓰게 한다.

(1939년)

---

* 스웨덴과 덴마크 사이의 해협.
** 히틀러를 지칭.

An die Nachgeborenen

후손들에게

1

참으로, 나는 암울한 시대에 살고 있구나!
악의없는 언어는 어리석게 여겨진다. 주름살없는 이마는
무감각을 나타내게 되었다. 웃는 사람은
끔찍한 소식을
아직 듣지 못했을 따름이다.
나무에 관한 이야기가 곧
그 많은 범죄행위에 관한 침묵을 내포하므로
거의 범죄나 다름없으니, 이 시대는 도대체 어떻게 된 것이냐!
저기 천천히 길을 건너가는 사람은
곤경에 빠진 그의 친구들이
아마 만날 수도 없겠지?

물론, 나는 아직 생계를 유지하고 있지만
믿어 다오. 그것은 우연일 따름이다. 내가
하고 있는 그 어떤 행위도 나에게 배불리 먹을 권리를
주지 못한다.

우연히 나는 살아남은 것이다. (나의 행운이 다하면, 나도 그만이다.)

사람들은 나에게 말한다. 먹고 마셔라! 네가 그럴 수 있다는 것을 기뻐하라!
그러나 내가 먹는 것이 굶주린 자에게서 빼앗은 것이고,
내가 마시는 물이 목마른 자에게 없는 것이라면
어떻게 내가 먹고 마실 수 있겠느냐?
그런데도 나는 먹고 마신다.

나도 현명해지고 싶다.
옛날 책에는 무엇이 현명한 것인지 씌어져 있다.
세상의 싸움에 끼어들지 말고 덧없는 세월을
두려움없이 보내고
또한 폭력없이 지내고
악을 선으로 갚고
자기의 소망을 충족시키려 하지 말고 망각하는 것이
현명한 것이라고.
이 모든 것을 나는 할 수 없으니,

참으로, 나는 암울한 시대에 살고 있구나!

2

굶주림이 휩쓸고 있던
혼돈의 시대에 나는 도시로 왔다.
폭동의 시대*에 사람들 사이로 와서
그들과 함께 나는 분노했다.
이 세상에서 나에게 주어진
나의 시간은 그렇게 흘러갔다.

싸움터에서 밥을 먹고
살인자들 틈에 눕고
되는대로 사랑을 하고
참을성없이 자연을 바라보았다.
이 세상에서 나에게 주어진
나의 시간은 그렇게 흘러갔다.

나의 시대에는 길들이 모두 늪**으로 가게 되어 있었다.
언어는 살륙자에게 나를 드러나게 하였다.

나는 거의 아무것도 할 수 없었다.
그러나 지배자들은
내가 없어야 더욱 편안하게 살았고, 그러기를 나도 바랬다.
이 세상에서 나에게 주어진
나의 시간은 그렇게 흘러갔다.

힘은 너무 약했다. 목표는
아득히 떨어져 있었다.
비록 내가 도달할 수는 없었지만
그것은 분명히 보였었다.
이 세상에서 나에게 주어진
나의 시간은 그렇게 흘러갔다.

3

우리가 잠겨 버린 밀물로부터
떠올라오게 될 너희들은
우리의 허약함을 이야기할 때
너희들이 겪지 않은
이 암울한 시대를

생각해다오.
신발보다도 더 자주 나라를 바꾸면서
불의만 있고 분노가 없을 때는 절망하면서
계급의 전쟁을 뚫고 우리는 살아오지 않았느냐.

그러면서 우리는 알게 되었단다.
비천함에 대한 증오도
표정을 일그러뜨린다는 것을.
불의에 대한 분노도
목소리를 쉬게 한다는 것을. 아, 우리는
친절한 우애를 위한 터전을 마련하고자 했었지만
우리 스스로가 친절하지 못했단다.

그러나 너희들은, 인간이 인간을 도와주는
그런 정도까지 되거든
관용하는 마음으로 우리를 생각해다오.

(1934/38년)

---

* 시인이 베를린에서 보낸 바이마르 공화국 시대.
** 나찌스 시대, 독재와 살륙의 현장.

제4부

살아남은 자의 슬픔

Ich, der Überlebende

살아남은 자의 슬픔

물론 나는 알고 있다. 오직 운이 좋았던 덕택에
나는 그 많은 친구들*보다 오래 살아 남았다. 그러나 지
난 밤 꿈 속에서
이 친구들이 나에 대하여 이야기하는 소리가 들려왔다.
"강한 자는 살아 남는다."
그러자 나는 자신이 미워졌다.

(1944년)

---

* 1941년에 쓴 「사상자 명부」라는 시에서 시인은, 모스크바에서 병사한 슈테핀(Margarete Steffin), 스페인 국경에서 자살한 벤야민(Walter benjamin), 베를린 시대의 영화감독 콕흐(Karl koch) 등을 꼽았음.

Hollywood

헐리우드*

아침마다 밥벌이를 위하여
거짓을 사주는 장터로 간다.
희망을 품고
나는 장사꾼들 사이에 끼어든다.

(1942년)

---

* 시인은 미국 망명기간(1941~47년) 중 헐리우드의 산타 모니카에서 살았음. 생계를 유지하기 위하여 시나리오를 써서 팔아보려 했음.

Der demokratische Richter

민주적인 판사

미합중국의 시민이 되려고 노력하는
사람들을 심사하는 로스 앤젤레스의 판사 앞에
이탈리아의 식당 주인도 왔다. 진지하게 준비해 왔지만
유감스럽게도 새 언어를 모르는 장애 때문에 시험에서
보칙(補則) 제8조*의 의미를 묻는 질문을 받고
머뭇거리다가 1492년이라고 대답했다.
시민권 신청자에게는 국어에 대한 지식이 법으로 규정되어 있으므로
그의 신청은 각하되었다. 3개월 뒤에
더 공부를 해가지고 다시 왔으나
물론 새 언어를 모르는 장애는 여전했다.
이번에는 남북전쟁에서 승리한 장군이 누구**였는가 하는
질문이 주어졌는데, (큰 소리로 상냥하게 나온) 그의 대답은
1492년이었다. 다시 각하되어
세번째로 다시 왔을 때, 대통령은 몇 년마다 뽑느냐는
세번째 질문에 대하여 그는
또 1492년이라고 대답했다. 이번에는

판사도 그가 마음에 들었고 그가 새 언어를
배울 수 없음을 알아 차렸다. 그가 어떻게 살아가는지
조회해 본 결과
노동을 하면서 어렵게 살고 있음을 알게 되었다.
그가 네번째로 나타났을 때 판사는 그에게
언제
아메리카가 발견되었느냐고 물었다. 그리하여 1492년
이라는 그의 정확한 대답을 근거로 하여
그는 마침내 시민권을 획득하였다.

(1943년)

---

* 재판부의 과도한 보석금 징구(徵求), 벌금형 부과 및 잔인한 형벌 선고를 금지한 조항.
** 그랜트(Grant, Ulysses Simpson, 1822~85)장군. 뒷날 제18대 미국 대통령.

Kinderkreuzzug

소년 십자군*

1939년 폴랜드에서**
처참한 전쟁이 벌어졌네.
많은 도시와 마을들이
황무지가 되고 말았네.

누이는 오빠를
아내는 남편을 군대에 뺏기고
포화와 폐허의 사이에서
아이는 부모를 잃어 버렸네.

편지도 신문보도도 끊겨
폴랜드에서는 아무 소식도 오지 않았네.
그러나 동쪽의 여러 나라에는
진기한 이야기가 퍼져 나갔네.

폴랜드에서 시작된
소년 십자군에 관하여
사람들이 이야기할 때
동쪽의 도시에는 눈이 나렸네.

한 무리의 소년들이 굶주린 채
국도를 따라 총총걸음으로 걸어가고 있었네.
폭격당한 마을에서 방황하는 아이들도
그들은 함께 데리고 갔다네.

전쟁터를 벗어나
그 모든 악몽을 벗어나
어느 날인가 그들은
평화로운 나라에 가고 싶었네.

거기에는 어린 지도자도 있어
그들에게 용기를 불어 넣어 주었네.
이 지도자에게는 큰 걱정이 있었으니
그것은 그가 길을 모른다는 것이었네.

열한 살 난 한 소녀는
네 살 난 아이를 데리고 가는데
어머니 노릇에 필요한 것을 모두 갖추었으나
다만 평화로운 나라만 없었네.

빌로드 칼러가 달린 옷을 입은
유태인 소년도 한 명 이 무리 속에 걸어가고 있었네.
이 소년은 아주 흰 빵만 먹는 버릇이 있었지만
곧잘 참고 견디어 나갔네.

잿빛 머리의 깡마른 소년도 한 명 따라 갔는데
그는 먼 발치에 떨어져 있었네.
그는 나찌스 외교관집 자식이라
엄청난 죄를 떠맡고 있었네.

잡아먹으려고 붙잡은
개도 한 마리 있었네.
그러나 도저히 잡아먹을 수는 없어
오히려 데리고 다니며 밥을 먹였네.

학교도 하나 있었고
어린 습자 선생도 한 명 있었네.
그리고 한 학생은 격파된 탱크의 표면에다
'평ㅎ' ***라고 쓸 수 있을 만큼 배웠네.

거기에는 사랑도 또한 있었네.
여자는 열두 살, 남자는 열다섯 살,
폭격맞은 어느 농가에서
그녀는 그의 머리를 빗겨 주었네.

너무 큰 추위가 와서
사랑은 지속될 수 없었네.
이렇게 많은 눈이 쏟아지니
어린 나무가 어떻게 꽃필 수 있겠나?

장례식도 한 번 있었네.
빌로드 칼러가 달린 옷을 입은 유태인 소년의 시체를
독일 소년 두 명과 폴랜드 소년 두 명이
무덤으로 운반해 갔네.

그를 땅 속에 묻기 위하여
신교도와 구교도와 나찌스가 함께 모였네.
그리고 마지막으로 한 어린 공산당원이
살아있는 사람들의 미래에 관하여 연설을 했네.

이처럼 거기에는 믿음과 희망이 있었으나
오직 고기와 빵만은 없었네.
그들에게 잘 곳을 마련해 줄 수 없는 사람은
누구도 그들이 무엇을 훔친다고 나무랄 수 없을 것이네.

또한 그들에게 먹을 것을 줄 수 없는
가난한 사람을 누구도 나무랄 수 없을 것이네.
50여 명의 소년들에게 필요한 것은
희생의 용기가 아니라 밀가루라네.

그들은 계속해서 남쪽으로 걸어갔네.
남쪽은, 한낮 열두 시에
해가 떠 있는 곳
곧장 가면 된다네.

그들은 전나무 숲속에서
부상한 병사를 한 명 발견하기도 했네.
그러나 그가 그들에게 길을 가르쳐 줄 때까지
그들은 이레 동안 그를 간호해야만 했네.

그는 그들에게 '빌고라이'****로 가라고 말했네!
그는 고열에 시달리다가
여드레 만에 죽어 버리고 말았네.
그들은 그 병사도 파묻어 주었네.

눈보라에 파묻히긴 했어도
이정표들이 서 있었네.
그러나 이것들은 제 방향을 가리키지 않고
다른 방향으로 돌려져 있었네.

누군가 못된 장난으로 그렇게 한 것이 아니라
군사 작전상 이유로 그렇게 된 것이라네.
그리하여 그들은 '빌고라이'를 찾아갔지만
끝내 그곳을 발견할 수 없었네.

그들은 지도자를 둘러싸고 서 있었네.
그는 눈보라치는 하늘을 바라보다가
조그만 손으로 한쪽을 가리키며
말했네. 틀림없이 저쪽일 거야.

한번은, 밤중에, 불빛이 보였지만
그들은 그 쪽으로 가지 않았네.
한번은 세 대의 탱크가 지나갔고
그 속에는 사람들이 타고 있었네.

한번은 어떤 도시를 지나가는데
그들은 멀리 돌아서 도시를 피해 갔네.
도시를 피해 지나갈 때까지
그들은 오직 밤에만 행진을 했다네.

뒷날 폴랜드 남동지역에서
혹심한 눈보라를 뚫고 가는
그 쉰다섯 명의 소년들이
마지막으로 눈에 띄었다네.

눈을 감으면 나에게는
폭격으로 폐허가 된 이 농촌에서
폭격으로 폐허가 된 저 농촌으로
방황하고 있는 그들의 모습 보이네.

그들 위로, 저 높은 구름 속에는
또 하나의 긴 행렬이 새로 나타나네!
찬 바람을 맞으며 고통스럽게 떠도는
고향잃은 사람들, 방향잃은 사람들.

그들이 떠나 온 곳과는 달리
포성도 들리지 않고, 포화도 없는
평화의 나라를 찾아 헤매고 있는
그 행렬은 엄청나게 길어지네.

어스름한 박명을 뚫고 나에게는 이미
그 행렬이 그전과 같이 보이지 않네.
스페인, 프랑스, 황인종 아이들의
조그마한 얼굴들이 내게 보이네.

폴랜드에서, 그 해 정월에
개가 한 마리 붙잡혔다네.
그 개의 비쩍 마른 목에는
마분지 조각이 하나 매달려 있었네.

거기에는 이렇게 씌어져 있었네. 구조를 바람!
우리는 길을 찾을 수가 없어요.
우리는 쉰다섯 명이에요.
이 개가 당신들을 우리에게로 안내할 거에요.

당신들이 올 수 없으면
이 개를 쫓아 버리세요.
이 개를 쏘아 죽이지 마세요.
이 개만이 그 장소를 아니까요.

그것은 어린아이의 필적이었네.
농부들이 그것을 읽었다네.
그로부터 일년 반이 흘러가 버렸네.
그 개는 굶어죽은 것 같다네.

(1941년)

* 1212년 십자군의 목적을 달성하기 위하여 프랑스, 독일, 로마 교회가 조직한 소년 소녀 중심의 십자군이 있었음. 이들의 동방원정은 비참한 실패로 끝났음. 이 제목은 이러한 역사의 사실도 환기시킴.
** 히틀러의 폴랜드 침공.
*** '평화'를 완전히 쓰지 못했음.
**** 폴랜드 동부지역에 있는 도시.

Alles wandelt sich

모든 것은 변화한다

모든 것은 변화한다. 마지막 숨을 거두며*
당신은 새로 시작할 수 있다.
그러나 이미 일어난 일은 어쩔 수 없다. 당신이
포도주 속에 부은 물을 당신은
다시 퍼낼 수 없다.

이미 일어난 일은 어쩔 수 없다. 당신이
포도주 속에 부은 물을 당신은
다시 퍼낼 수 없다. 그러나
모든 것은 변화한다. 마지막 숨을 거두며
당신은 새로 시작할 수 있다.

(1945년)

---

* 독일이 패망하고 제2차대전이 끝남.

제5부
부코브 비가

Ach, wie sollen wir die kleine Rose buchen?

아, 어떻게 우리가 이 작은 장미를
기록할 수 있을 것인가?

아, 어떻게 우리가 이 작은 장미를 기록할 수 있을 것인가?
갑자기 검붉은 색깔의 어린 장미가 가까이서 눈에 띄는데?
아, 우리가 장미를 찾아온 것은 아니었지만
우리가 왔을 때, 장미는 거기에 피어 있었다.

장미가 그곳에 피어 있기 전에는, 아무도 장미를 기대하지 않았다.
장미가 그곳에 피었을 때는, 아무도 장미를 믿으려 하지 않았다.
아, 출발도 한 적 없는 것이, 목적지에 도착했구나.
하지만 모든 일이 워낙 이렇지 않았던가?

(1954/55년)

---

* 브레히트가 50대 중반에 동독에서 이런 시를 썼음! 삶과 시는 그 자체가 가장 구체적인 진리인 듯.

Die Vogel warten im Winter
vor dem Fenster

새들이 겨울 창밖에서 기다리네

1

나는 참새란다.
애들아, 먹을 것이 하나도 없구나.
작년에 나는 채소밭에 까마귀가 내려앉을 때마다
짹짹거리며 너희들에게 알려 주었지.
조금만 도와다오.
    참새야, 이리로 오너라.
    참새야, 여기 네가 먹을 낟알이 있다.
    좋은 일을 해주어서 참으로 고맙다!

2

나는 청딱다구리란다.
애들아, 먹을 것이 하나도 없구나.
여름 내내 나무를 쪼아대며 나는
모든 해충들을 없애 버렸지.
조금만 도와다오.
    청딱다구리야, 이리로 오너라.
    청딱다구리야, 여기 네가 먹을 벌레가 있다.

좋은 일을 해주어서 참으로 고맙다!

3

나는 지빠귀란다.
애들아. 먹을 것이 하나도 없구나.
여름동안 한결같이 이웃집 정원에서
새벽녘에 노래부른 것이 바로 나였단다.
조금만 도와다오.
    지빠귀야, 이리로 오너라.
    지빠귀야, 여기 네가 먹을 낟알이 있다.
    좋은 일을 해주어서 참으로 고맙다!*

(1950년)

---

* 물질주의 사회에서 문학인이나 예술가가 존재해야 할 당위성.

Der Rauch

연기

호숫가 나무들 사이에 조그만 집 한 채.
그 지붕에서 연기가 피어 오른다.
이 연기가 없다면
집과 나무들과 호수가
얼마나 적막할 것인가.

(1953년)

Die Lösung

해결방법*

6월 17일 인민봉기가 일어난 뒤
작가 연명 서기장은 스탈린 가(街)에서
전단을 나누어 주도록 했다.
그 전단에는, 인민들이 어리석게도
정부의 신뢰를 잃어 버렸으니
이것은 오직 2배의 노동을 통해서만
되찾을 수 있다고 씌어져 있었다. 그렇다면 차라리
정부가 인민을 해산하여 버리고
다른 인민을 선출하는 것이
더욱 간단하지 않을까?

(1953년)

---

* 1953년 6월 17일 동베를린에서 일어난 인민봉기에 대한 당국의 억압조치를 시인은 신랄하게 비판하고 있음.

Der Radwechsel

바퀴 갈아 끼우기*

나는 길가에 앉아 있고
운전기사는 바퀴를 갈아 끼우고 있다.
내가 떠나온 곳을 나는 좋아하지 않는다.
내가 가야 할 곳을 나는 좋아하지 않는다.
바퀴 갈아 끼우는 것을
왜 나는 초조하게 바라보고 있는가?

(1953년)

---

* 인민봉기를 내면적으로 찬성하면서도 집권당을 공개적으로 반대할 수 없는 동독의 상황.

Böser Morgen

기분나쁜 아침

이곳* 어디에나 있는 아름다운 은백양나무가
오늘은 늙은 마귀할멈처럼 보인다. 호수는
구정물의 늪, 휘젓지 마시오!
금어초(金魚草)들 사이의 푹시아 꽃은 값싸고 천박하게
보인다.
왜?
어젯밤 꿈에는 마치 문둥이를 손가락질하듯
나를 가리키고 있는 손가락들을 보았다.** 그것들은 일
을 너무 해서 닳아빠지고 잘려져 있었다.

아무것도 모르는 놈들 같으니라구! 죄의식 속에서
나는 이렇게 소리쳤다.

(1953년에 씌어져 1957년에 발표됨)

---

* 1952년부터 브레히트는 동베를린의 교외 부코브(Buckow)의 시
골집에서 살았음.
** 1953년 6월 17일 인민봉기 때 취한 자신의 불투명한 태도에 대
하여 시인은 해소할 수 없는 자의식을 가졌던 것으로 보임.

Gegenlied zu
《Von der Freundlichkeit der Welt》

「세상의 친절」과 대립되는 노래

그렇다면 우리가 스스로 만족해 하면서
"그렇습니다, 그리고 앞으로도 그럴 것입니다"라고 말해야 한다는 말이냐?
그리고 잔이 눈앞에 있는데, 아예 목마름을 참던가,
아니면 마실 것 가득한 잔은 놓아두고, 빈 잔을 들라는 말이냐?

그렇다면 우리가 문밖에 머물러 있어야 하고
초대받지 못했다고 추위에 떨면서 앉아 있어야 한다는 말이냐?
고통과 향락이 우리에게 어떻게 배급되어야 할 지를
위대한 나으리들께서 황송하게도 우리에게 지시해 주실 테니까?

우리에게 보다 바람직한 일은 차라리 사납게 덤벼드는 것이다.
아주 조그만 기쁨이라도 포기하지 않는 것이다.
고통을 주는 자들을 힘차게 막아서 무찌르는 것이다.

그리고 마침내 이 세계를 우리의 집처럼 만드는 것이다!

(1956년)

Als ich in weißem Krankenzimmer
der Charité

자선병원의 하얀 병실에서*

자선병원의 하얀 병실에서
아침 일찍 잠이 깨어
지빠귀의 노래소리를 들었을 때, 나는
깨닫게 되었다. 벌써 오래 전부터 나에게서
죽음의 공포는 사라졌다. 나 자신이
없어지리라는 것만 빼놓으면, 다른 것은
하나도 달라질 수가 없기 때문이다. 내가
죽은 다음에도 돌려 올 지빠귀의 온갖 노래소리를
이제야 비로소 즐길 수 있게 되었다.

(1956년)

---

* 1956년 5월 독감으로 베를린 자선병원에 입원. 같은 해 8월에 사망.

Ich benötige keinen Grabstein

나에게는 묘비가 필요없다*

나에게는 묘비가 필요없다. 그러나!
만약에 나의 묘비가 당신들에게 필요하다면
거기에 이렇게 써주기 바란다.
"그는 많은 제안을 했다. 우리는
그것들을 받아 들였다."
이러한 묘비명을 통하여
우리는 모두 존중될 수 있을 것이다.

(1956년)

---

* 브레히트는 생전의 유언에 따라 아무런 공식행사없이, 그의 서재에서 내다보이던 도로테 공동묘지에 묻혔음. 마리안네 케스팅의 『브레히트 평전』에 의하면 그의 묘비에는 성명만 새겨져 있음.

베르톨트 브레히트와 詩의 使用

　베르톨트 브레히트(Bertolt brecht, 1898~1956)는 독일 현대문학을 대표하는 작가 가운데 한 사람이다. 서사극 이론과 탁월한 희곡들을 통하여 세계적 명성을 획득한 그는 폭넓은 창작활동의 소산으로 상당히 많은 분량의 시를 남겼다. 1960년대부터 브레히트의 문학적 영향이 널리 파급됨에 따라 오늘날에는 시문학을 논의할 때도 그의 이름을 빼놓을 수 없게 되었다.
　브레히트는 고등학교에 다닐 때부터 문학에 대한 취미와 재능이 뚜렷하여 프랑소와 비용, 게오르크 뷔히너, 아르튀르 랭보, 프랑크 베데킨트 등의 작품을 탐독하고 학교에서 발간되는 교지 및 아우구스부르크 신문에 시와 산문을 발표했다고 한다. 연대순으로 편집된 그의 시 전집을 보면 1913년 교지에 발표된 시가 그의 첫번째 작품으로 수록되어 있다. 그러니까 브레히트는 15세 때부터 공식적으로 시를 쓰기 시작한 셈이다. 그후 평생에 걸쳐 40여년간 집필·발표된 여러 형태의 시는 1,200여편에 이른다.
　브레히트가 시를 쓰기 시작한 1910년대는 문예사조로 보아 표현주의 운동이 대두된 때였다. 그러나 당시의 독일 시단에서 실제로 널리 읽히는 시인들은 슈테판 게오르게, 후고 폰 호프만스탈, 라이너 마리아 릴케 등 고답적인 신고전주의, 신낭만주의, 상징주의 유파의 대가들이었다. 전통적 시문학이 위세를 떨치던 이 무렵에 시대조류에 저항하는 방향으로 작품활동을 시작하여 20세기 중반에 큰 업적을 남긴 시인으로 우리는 고트프리트 벤과 베르톨트 브레히트를 꼽을 수 있다. 전자는 비의적 순수문학의 정점에 올랐고, 후자는 현실적 참여문학의 효장이 되었다고 볼 수 있다.

벤과 브레히트는 둘 다 의학도 출신으로 똑같이 1956년에 사망하였으며 특히 1950년대와 60년대의 독일문학에 커다란 영향을 미쳤다. 전통적 감정의 미학에 반기를 들고 새로운 언어를 시에 도입했다는 점에서 두 사람은 공통된 출발점을 가지고 있으나, 벤은 문학 자체를 목적으로 삼고 형식을 중시하는 예술지상주의자가 되었고, 브레히트는 문학의 내용과 효용성을 강조한 리얼리스트가 되었다. 그리고 시인이라는 공통점을 빼놓으면 벤은 의사였고, 브레히트는 극작가였다. 체제 순응적이었던 벤과는 달리 브레히트는 일찍부터 반체제 성향이 강한 인물이었다.

1928년 베를린에서 초연되어 대성공을 거둔 「서푼짜리 오페라」는 오랜 역사를 자랑하는 전통 오페라에 정면으로 도전한 작품으로서, 1920년대의 문화를 이야기할 때 빼놓을 수 없는 사건 가운데 하나이다. 또 아리스토텔레스 이래의 전통극을 정면으로 부정한 그의 서사극은 그 이론과 기법에서 현대 연극의 필수적 모형으로 간주된다. 연극과 마찬가지로 브레히트의 시도 그 언어와 형식과 내용에서 전통적 독일시와 정면으로 맞부딪치는 데서 시작된다. 브레히트의 서사극 이론을 그의 참여시에 적용해 본다면 다음과 같이 요약할 수도 있다.

종래의 전통시가 어떤 사물이나 정서를 암시적으로 표현하려는 데 반하여 브레히트의 참여시는 논리적으로 증명하려고 한다. 전통시가 독자에게 체험을 전달하여 공감을 일으키는 반면 참여시는 독자에게 지식이나 정보를 제공하고 결단을 촉구한다. 전자가 인간과 세계를 변화할 수 없는 정태적 존재로 파악한다면, 후자는 인간과 세계를 부단히 변화하여 발전되어 나가는 생성의 과정으로 보는 것이다.

　1927년에 베를린에서 출판된 브레히트의 첫번째 시집은 『베르톨트 브레히트의 가정기도서 *Bertolt Brechts Hauspostille*』라는 이상한 제목을 가지고 있다. 동시대에 통용되던 시민문학의 관행에 비추어 볼 때 자못 도전적인 인상을 주는데, 그것은 내용도 마찬가지다. 전체가 교과서처럼 5과로 이루어진 이 시집의 책머리에서 시인은 "이 가정기도서는 독자가 사용할 수 있도록 만들었다"고 선언함으로써 시의 사회적 효율성을 노골적으로 강조한다. 뒤이어 「사용방법」에서는 각 과별로 거기에 실린 시들을 어떻게 읽을 것인가를 설명하고 있다. 이를테면 "제3과 「연대기」는 자연의 거칠은 폭력이 닥쳐오는 시간에 뒤적거리는 것이 좋다. (호우, 폭설, 파산 등) 자연의 폭력이 닥쳐오는 시간에는 낯선 대륙에 사는 대담한 남자나 여자들의 모험이 의지하면 든든해진다. (……) 이 「연대기」를 읽을 때는 담배를 피우는 것이 좋고, 보조 수단으로 현악기를 반주해도 괜찮을 것이다." 이것은 게오르게나 릴케 같은 시인이 좋아했던 엄숙하고 종교적인 자세의 서정시에 대한 패러디라고도 볼 수 있다.

　기성의 모든 권위를 뒤엎는 당돌한 패러디는 이 시집의 도처에서 발견된다. 예컨대 「위대한 감사의 송가」에서는 「주를 찬양하라」는 찬송가 형식에다 정반대의 내용을 바꿔 넣음으로써 내세에 대한 기독교의 복음을 송두리째 부정하고, 광명과 구원 대신 '어둠과 멸망을 찬양' 한다. 내세의 존재를 부정하고 현세의 삶만을 긍정하는 태도는 「유혹당하지 말 것」에서도 마찬가지로 나타난다. 이 시집에 실린 대부분의 작품들이 1920년 전후해서, 즉 시인의 나이 20세쯤 되었을 때 씌어진 것임을 감안한다면, 이러한 반기독교적 태도가 특정한 무신론적 근거에서 비롯되었다기보다는 다분히 자기가 속해 있는 시민사회의 종교적 속박에 반항하는 무정부주의적 또는 허무주의적 태도의 발로라고 볼 수 있다. 시민사회의 관습, 규범, 도덕을 배척하는 반면 소외계층의 부도덕한 아웃사이더에 대한 동정이 두드러지게 나타난다. 중세의 유랑시인 '프랑소와 비용'으로부터 시작하여 부모살해범 '야코프 아펠뵈크', 영아 살해 여인 '마리 파라', 추방된 '마쩨파'를 거쳐 '불쌍한 베베' 자신에 이르기까지 시민사회에 적응하지 못한 많은 인물들이 매우 비서정적인 형상으로 등장한다. 이러한 형상들은 대개 발라드나 장타령 형식으로 노래되고 있다. 소외되고 억압받는 사람들을 발라드나 장타령의 형식에 담은 것은 내용과 형식의 일치를 본 것이라 할 수 있다. 이 시집에는 또한 시민사회의 상상력을 벗어나는 초인적 존재로 동방의 우상 '바알'의 방약무인한 삶이 찬양되기도 하고 '익사한 소녀'의 시체가 자연으로 돌아가는 해체과정이 생명의 물질적 회귀로 노래되기도 한다.

반기독교적, 비도덕적, 반사회적, 비서정적인 색채로 얼룩진 이 시집에는 앞으로 브레히트의 시에서 다루어질 중요한 테마들이 그 맹아를 보여주고 있다. 독일제국 군부의 만행을 야유한 「죽은 병사의 전설」은 히틀러의 뮌헨 폭동 때 브레히트의 이름을 체포대상자 명단에 오르게 했다. 「코르테스의 병사들」을 둘러싸고 무서운 속도로 자라나서 마침내 침략자들을 밀림 속에 가두어 죽여버리는 '나뭇가지'들은 피압박 민족의 항쟁을 상징한다고 볼 수 있다. 「숨결에 관한 기도문」에서는 괴테의 시를 후렴으로 사용하여, 그릇된 현실을 보고도 침묵하는 시민문학을 매도했다. 자전적 고백「불쌍한 베베」에서는 역사의 발전을 부정하는 문명비관주의가 솔직하게 드러나 있다. 매끄럽게 다듬어진 아름다운 전통시와는 너무나 대조적인 형식에다 껄끄러운 목소리로 자기의 시대조류에 역행하는 내용을 노래한 이 시집은 젊은 브레히트의 당돌한 패기와 대담한 개성을 여실하게 보여 주고 있다.

『가정기도서』가 출판될 무렵 브레히트는 이미 이 시집의 세계를 벗어나고 있었다. 시집에 수록된 시들은 주로 1920년을 전후한 아우구스부르크 및 뮌헨 시절의 소산이었다.

　1924년에 그는 이미 베를린으로 이주하여 극작가로 본격적인 활동을 시작했는데, 1927년에야 『가정기도서』가 출판되었다는 점을 생각하면 그것은 당연한 변모라 할 수 있다. 첫시집에서 보여 주었던 비사회적, 허무주의적 저항의 태도가 1930년을 전후하여 역사와 사회에 적극 참여하는 방향으로 바뀌게 된 까닭은 두 가지를 들 수 있다. 즉, 그가 20대 중반부터 30대 초반까지 마르크시즘에 경도했었다는 사실, 그리고 1933년부터는 히틀러의 집권과 함께 그 자신이 독일을 떠나 망명생활의 고초를 겪어야만 했다는 사실이다. 1934년 파리에서 출판된 시집 『노래·시·합창 *Lieder Gedichte Chöre*』에서 이미 이러한 변화는 뚜렷하게 나타난다. 억압받고 착취당하는 가난한 대중에게 배움과 변혁의 용기를 고취하는 「배움을 찬양함」, 독재자 히틀러의 전체주의를 공격하는 「칠장이 히틀러의 노래」 같은 작품이 그 직접적인 예이다.

　1939년 우여곡절 끝에 런던에서 출판된 시집 『스벤보르시편 *Svendborger Gedichte*』에는 브레히트의 북구 망명시절 작품들이 수록되어 있다. 이 시집의 서두는 다음과 같은 헌정의 시로 시작된다.

　　덴마크의 초가집 지붕 밑으로 도망와서, 친구들이여,
　　나는 그대들의 투쟁을 뒤쫓고 있다.
　　해협과 수풀 사이로 떠오르는 피투성이 얼굴들 쫓아버리면서
　　전에도 때때로 그랬듯이 여기 그대들에게 시를 몇 줄 보낸다.
　　이중에 몇 편이 그대들 손에 들어가거든, 조심해서 사용하라!
　　빛바랜 책들과 조각난 소식들이
　　내가 가지고 있는 자료들이다. 우리가 다시 만나게 되면
　　나는 기꺼이 다시 배우고 싶다.

'사용하라'는 말이 나타내듯이 여기에 실린 시들도 『가정기도서』처럼 독자가 사용하도록 씌어졌다. 물론 사용방법이 전과는 달리 '파시즘과의 투쟁'을 위한 것이다. 그러나 이 시집이 과연 독일 국내외에서 투쟁하는 사람들의 손에 들어갈 수 있을까. 그리고 신빙성있는 정보와 자료를 구할 수 없는 망명지 스벤보르에서 저항조직과 아무런 밀접한 연계도 없이 도피생활을 하고 있는 시인이 과연 투쟁에 사용할만한 작품을 써낼 수 있을지도 의심스럽다. 그래서 브레히트는 여기에 실린 텍스트들을 '조심해서 사용하라'고 말하고 있다. 이 시집의 실용적 가치가 대 나찌스 투쟁에 직접적으로 큰 영향력을 발휘했다고 볼 수는 없다. 그러나 역사적 거리를 두고 살펴본다면 『스벤보르 시편』은 비단 파시즘에 저항하는 망명문학의 한 본보기일 뿐만 아니라, 독일 현대시의 새로운 이정표 역할을 한 것이 사실이다. 전통적 시민사회를 완전히 붕괴시키려는 파시스트의 위협에 대항하는 견지에서, 그리고 종래의 낭만적 정신주의를 철저히 배제한 현실적 물질주의에 입각하여 시인은 낡은 세계와 새로운 세계의 대립과 교체를 날카롭게 성찰하고 있다. 또한 정치적, 경제적, 사회적으로 억압받는 사람들을 역사의 새로운 주체로 정립하고, 전래의 서정시에서 시적 자아 역할을 했던 고립된 개체를 새로운 집단적 주체로 바꿔 놓았다.
  이 시집은 「전쟁 입문서」, 「연대기」, 「독일 풍자시」 등 전체가 6과로 나뉘어져 있는데, 서사적 기법을 구사함으로써 열려진 결말로부터 독자가 스스로 결론을 도출하도록 이끌어가는 변증법적 교훈시들도 많다. 예컨대 19세기 초의 실화에서 취재한 발라드 「울름의 재단사」를 읽어보자.

  주교님, 저는 날을 수 있어요.
  재단사가 주교에게 말했습니다.

주의해 보세요, 제가 어떻게 날으는지!
　　그리고 그는 날개처럼 생긴 것을
　　가지고 높고 높은 성당
　　지붕 위로 올라갔습니다.

　　주교는 계속해서 걸어갔습니다.
　　그것은 새빨간 거짓말이야
　　사람은 새가 아니거든
　　앞으로도 사람은 절대로 날을 수 없을 거야
　　주교는 재단사에 대하여 말했습니다.

그 재단사가 죽었어요
사람들이 주교에게 말했습니다.
굉장한 구경거리였어요
그의 날개가 부러져 버렸고
그의 몸은 박살이 나서
굳고 굳은 성당 마당에 놓여 있어요.

　　성당의 종을 울리시오
　　그것은 거짓말에 지나지 않았소
　　사람은 새가 아니오
　　앞으로도 사람은 절대로 날을 수 없을 것이오
　　주교는 사람들에게 이렇게 말했습니다.

　대립적 구조로 이루어진 이 시의 한쪽에는 전통적 질서의 대표인 '주교'가 있다. 그에 의하면 인간은 절대로 변화할 수 없고, 앞으로도 영원히 하느님이 창조한대로 머물 것이므로, 새가 아닌 사람은 결코 날을 수 없다. 다른 쪽에는 역사의 발전을 믿는 '재단사'가 있다. 그에 의

하면 인간은 변화할 수 있고 또 끊임없이 변화하는 존재이다. 그는 사람도 새처럼 날을 수 있다고 믿는다. 그러나 "날개처럼 생긴 것을/가지고 높고 높은 성당/지붕 위"에서 새처럼 날아 보려던 재단사는 날개가 부러져 "굳고 굳은 성당 마당에" 떨어져 "박살이 나서" 죽는다. 처음부터 재단사의 말을 "새빨간 거짓말"이라고, 믿지 않았던 주교는 의기양양하여 "사람은 새가 아니오/앞으로도 사람은 절대로 날을 수 없을 것이오"라고 말한다. 재단사의 혁명적 시도가 좌절됨으로써 주교의 교조적 고정관념이 정당하다고 입증된 셈이다. 2연으로 된 이 발라드는 이렇게 끝나고 만다. 그러면 과연 재단사의 말이 "새빨간 거짓말"이고, "사람은 절대로 날을 수 없다"는 주교의 말이 정말인가? 대형 비행기가 대중 교통기관으로 사용되는 오늘날의 독자라면 당연히 고개를 젓게 된다. 아무래도 이 발라드는 너무 짧게 끝났다. 제3연을 추가해야 한다. 그 재단사야말로 미래를 내다본 용감한 선구자였고, 그 주교야말로 현재를 과거의 연속으로만 파악한 거짓말장이였다. 이처럼 독자는 텍스트와 다른 결론을 추가하게 될 것이다. 독자는 이 결론에 머물러 있지 않고, 새로운 눈으로 현실을 보고, 변화의 결단을 내리게 된다. '주교'처럼 현실을 보던 독자의 의식이 '재단사'의 시각으로 미래를 바라보게 되는 것이다. 이와 같이 결말을 열어 놓음으로써, 독자에게 결론을 생각해 내게 하고, 그에 따른 변화의 결단을 촉구하는 것이 바로 브레히트의 서사적 기법이다. 이러한 방법을 통하여 브레히트는 독자에게 언제나 무엇인가 구체적으로 보여 주고, 가르쳐 준다. 그는 시인인 동시에 교사라고 말할 수 있다.

　무엇인가 가르쳐 주는 데 시를 사용하는 브레히트의 솜씨는 변증법적 구조의 사용과 서사적 기법의 도입에만 있지 않고 언어 자체에도 있다. 어쩌면 그의 문학적 성취는 독창적 이론의 전개나 탁월한 기법의 도입, 특이한 소재의 선택에 의한 것이라기보다는 개성적 언어구사에서 비롯된다고 보아야 할 것이다. 그의 언어는 문학적 우회나 수식을 피하고 일상의 현실을 직접적으로 진술한다. 그가 사용하는 어휘는 언제나 단순하고 구문은 항상 명료하다. 가르친다는 것은 무엇보다도 전달을 전제로 한다. 효과적으로 전달하려면 어휘와 구문이 평이하고 내용이 구체적이어야 한다. "진리는 구체적이다"는 브레히트의 좌우명이었다. 그의 소박하고 절제된 언어는 언제나 구체적으로 하나의 상황이나 모형을 보여준다. 물론 이러한 언어가 이해하기는 쉽지만 다른 언어로 옮기기는 오히려 더 어렵다. 역자는 그의 시를 우리말로 옮기면서 이른바 쉬운 시의 어려움을 다시 한 번 느꼈다.

'서정시를 쓰기 힘든 시대'를 '살아 남은' 브레히트의 재주는 그 어떤 기회주의자보다도 비상했다. 1933년 1월 30일 히틀러가 권력을 장악했을 때, 나찌스의 집권에 따른 심각한 위험을 누구보다도 먼저 예감했던 그는 국회의사당 방화사건 다음날인 2월 28일 재빨리 망명의 길에 올랐다. 프라하, 비엔나, 쮜리히, 파리 등지를 거쳐 그는 덴마크의 스벤보르에 정착했다. 이곳은 독일과 지리적으로 가까우면서도 나찌스의 세력이 늦게 뻗친 곳이었다. 시「망명기간에 관한 단상」이 보여주듯 망명기간은 자꾸 길어졌다. 마침내 나찌스 세력이 북구에까지 미치자 그는 1941년 시베리아를 횡단, 블라디보스토크에서 배를 타고 미국으로 건너갔다. 공산주의의 수도 모스크바에서 피난처를 찾으려 하지 않고, 그가 매도하던 자본주의의 본향으로 간 것이다. 헐리우드 근교에서 곤핍한 망명생활을 하다가 1947년 반미행위 혐의를 받게 되자 그는 쮜리히로 날아가서 독일의 서방 측 점령지역(오늘날의 서독)으로 귀환하고자 했다. 그러나 군정당국이 끝내 입국을 거부했으므로 그는 1948년 10월 22일 소련군 점령지역인 동베를린으로 돌아가 마침내 15년간의 망명생활을 끝냈다. 1950년에 오스트리아 국적을 취득하고 동베를린 근교 부코브에 정주하여 여생을 살았다. 비록 동독에서 활동하며 만년을 보냈을망정 브레히트는 공산당에 입당한 사실이 없고 그의 문학도 동독에서보다는 오히려 서방측에서 주목을 받았다. 그가 점령군 당국의 거부로 인하여 서독으로 귀향하지 못하고 동독에서 여생을 보내게 된 것은 독일문학과 브레히트 자신에게 모두 불행한 일이었다.

동베를린에서 극단 〈베를리너 앙상블〉을 창단하여 당국의 지원 아래 서사극을 실험할 수 있었던 것은 다행한 일이었으나, 마르크시즘 이론과는 너무 거리가 먼 동독 공산주의 지배체제 속에서 살아 남기 위하여 그는 스탈린을 찬양하는 시까지 쓰기에 이르렀다. 시를 사용하는 가장 나쁜 예를 그 스스로 보여준 셈이었다. 일찌기 산문 「코이너씨(氏)의 이야기」에서 그는 '폭력에 대한 조치'는 폭력보다 오래 살아남는 수밖에 없다고 말했다. 폭력 앞에서는 모든 것이 정당화되므로 폭력에 정면으로 대항하다가 희생당하는 것보다는 아무리 비열한 수단을 써서라도 폭력보다 오래 살아 남는 것이 곧 폭력을 이기는 길이라는 것이다. 그러나 이 산문에서 '폭력의 사자'가 '에게씨'의 집에 들어와서 마음대로 먹고 씻고 자기에 앞서 "자네 나의 시중을 좀 들어 주겠나?" 하고 물었을 때 에게씨는 어떻게 했던가.

에게씨(氏)는 그(=폭력의 사자)에게 이불을 덮어주고, 파리를 쫓아주고, 그가 잠자는 것을 보살펴 주었다. 이날과 마찬가지로 에게씨는 그에게 7년동안 복종했다. 에게씨는 그를 위하여 무슨 일이고 다 해주었지만, 꼭 한 가지만은 하지 않았다. 그것은 바로 한 마디의 대답을 하는 것이었다. 이렇게 7년이 지나가자 폭력의 사자는 너무 많이 먹고, 자고, 명령만 하다가 뚱뚱해져서, 죽어버리고 말았다. 그러자 에게씨는 그를 썩은 이불에 싸서, 집 밖으로 끌어내고, 침상을 닦아내고, 벽에 석회로 흰 칠을 하고, 안도의 숨을 내쉬면서 대답했다. "싫다."

'폭력의 사자'에게 대답을 끝끝내 하지 않고 견디다가 그가 죽은 다음에야 "싫다"고 말하는 지혜를 브레히트 자신은 공산 동독에서 보여줄 수 없었던 모양이다.

그러나 그는 시인이었다. 아무도 말할 수 없는 것을 말해야 하며, 모든 사람이 침묵할 때 침묵해서는 안되는 사람이었다. 1953년 6월 17일 동베를린에서 인민봉기가 일어났을 때 그는 동독 정부의 억압조치를 더이상 침묵할 수 없었다. 인민과 당 사이의 대립과 충돌을 모른 체하고 서사극공연 준비만 할 수 없었던 그는 동독 수상 울브리히트에게 항의서한을 보냈고, 「해결방법」, 「바퀴갈아 끼우기」, 「기분나쁜 아침」 등 비판적인 시들을 썼다. 동독에서 씌어진 작품들은 그의 사후에 서독에서 『부코브 비가』라는 시집으로 출판되었다. 이 시집에서는 동서 냉전의 틈바구니에서 분단국가의 지식인이 겪는 고뇌와 분노, 이데올로기와 현실의 괴리를 쓰라리게 체험한 참여시인의 환멸과 풍자를 읽게 된다. 그가 추구한 이상은 공산주의의 현실과는 너무나 거리가 멀었다. 그의 이상향은 「노자가 떠나던 길에 도덕경을 써주게 된 전설」에 나오는 바와 같은 친절과 겸손과 유용성이 지배하는 세계였던 것이다. 그러나 이러한 세계의 실현은 실제로 불가능하지 않을까. 이것은 폭력의 시대를 살고 간 브레히트가 우리에게 남겨 준 슬픔이기도 하다.

여기 우리말로 옮긴 작품들은 브레히트 시 전집(Bertolt Brecht, *Gesammelte Gedichte,* in 4 Bdn. Frankfurt a. M. 1976)에서 뽑은 것이다. 제1부는 1927년에 출판된 그의 첫시집 『가정기도서』에서 주로 뽑았다. 제2부는 『스벤보르 시편』을 중심으로 하여 북구 망명기간(1933~41년)에, 그리고 제4부는 미국 망명기간(1941~47년)에 집필된 것이다. 제5부는 1948~56년간 동베를린에서 씌어진 『부코브 비가』에서 가려낸 것들이다. 역자는 되도록 원문에 충실하고자 노력했다. 번역을 하는 데 참조한 여러 주석서와 해설서 가운데서 특히

(Edgar Marsch, *Brecht Kommentar zum lyrischen Werk*, München 1974)*의 도움이 컸다. 독자의 이해를 돕고자 역주를 몇 개 달았다.

  브레히트의 전체 작품량에 비하면 여기 번역된 그의 시 47편은 맛보기 한 순갈에 지나지 않지만, 이 시집이 독일시의 가려졌던 한쪽 지평을 트이게 해주는 동시에 시에 대한 우리의 편협한 고정관념을 고쳐주고, 시를 보는 우리의 시각을 넓혀 주는 데 도움이 되기를 바란다.

1985년 가을

金 光 圭

연보(年譜)

1898년 2월 10일 독일 아우구스부르크에서 제지공장 경영자인 아버지 베르톨트 프리드리히 브레히트(Berthold Friedrich Brecht)와 어머니 조피 브레히트[Sophie Brecht, 친정성(姓)은 브레찡(Brezing)]의 큰아들로 태어남.
1904년 국민학교 취학.
1908년 아우구스부르크 실업고등학교 진학.
1914년 가명으로 『아우구스부르크 신문』에 시와 산문 발표.
1916년 평화주의적 작문을 썼다가 학교에서 퇴학당할 뻔함.
1917년 실업고등학교를 전시(戰時) 졸업(Notabitur), 뮌헨대학교 입학, 의학전공.
1918년 아우구스부르크 야전병원에서 위생병으로 군복무. 희곡 「바알」 및 시 「죽은 병사의 전설」을 씀. 의학공부를 계속 했으나 문학과 연극에 대한 관심이 더 컸음.
1920년 5월 1일 어머니 죽음.
1921년 베를린 여행.
1922년 희곡 「한밤중의 북소리」로 클라이스트 문학상 수상. 가수 마리안네 쪼프(Marianne zoff)와 결혼.
1923년 뮌헨 캄머슈필레 극장 전속 극작가로 됨. 히틀러의 뮌헨폭동 때 체포 대상자 명단에 오름.

1924년 베를린으로 이주. 극작가로 활동. 여배우 헬레네 바이겔(Helene Weigel)을 만남. 마르크스의 저작을 읽음.
1926년 희곡「남자는 남자」초연
1927년 시집『가정기도서』출판. 마리안네 쪼프와 이혼.
1928년 희곡「서푼짜리 오페라」초연 대성공. 시프바우어담극장을 실험무대로 사용할 수 있게 됨.
1929년 발터 벤야민과 교우. 헬레네 바이겔과 결혼.
1930년 희곡「마하고니 시의 번영과 몰락」,「조처」초연.
1932년 희곡「어머니」초연.
1933년 국회의사당 방화사건 다음날인 2월 28일 가족과 함께 독일을 떠나 프라하, 비엔나, 쮜리히 등지를 거쳐 덴마크의 스벤보르에 정착. 나찌스가 브레히트의 저작을 불태움.
1934년 시집『노래·시·합창』파리에서 출판.
1935년 모스크바 여행. 나찌스가 브레히트의 독일국적 박탈. 뉴욕 여행.
1936년 희곡「둥근머리와 뾰죽머리」초연.
1938년 희곡「갈릴레이의 생애」집필.
1939년 시집『스벤보르 시편』런던에서 출판. 희곡「억척어멈과 그 자식들」집필. 스웨덴의 스톡홀름 근처 거주.
1940년 노르웨이 체류. 희곡「사천의 선인」집필.
1941년 나찌스가 북구에까지 침입하자 모스크바를 거쳐 시베리아 횡단철도로 블라디보스토크에 도착. 선편으로 미국으로 건너가 캘리포니아의 헐리우드 근교 산타모니카에 정착. 독일망명 문인들과 만남.
1942년 희곡「코카서스의 백묵원」집필
1947년 미국 의회의 반미행위 조사위원회에 소환되어 심문받음. 무혐의로 석방된 다음 파리를 거쳐 쮜리히 근교에 체류. 막스 프리쉬와 만남.
1948년 연합군 군정당국이 서독 입국을 거부했으므로, 동베를린으로 갔음.

15년간의 망명기간(1933. 2. 28~1948. 10. 22)이 끝남.
1949년 헬레네 바이겔과 극단 베를린 앙상블 창단.
1950년 오스트리아 국적 취득 후 동베를린 근교의 부코브에 정주.
1953년 6월 17일 동베를린 인민봉기에 대한 동독정부의 억압조치를 비판하는 서한을 울브리히트 수상에게 보냄. 시집『부코브 비가』집필.
1954년 파리의 국제 연극제에서 베를린 앙상블이「억척어멈과 그의 자식들」공연으로 1등 입상.
1955년 스탈린상 수상.
1956년 8월 14일 심장마비로 죽음. 도로테 공동묘지에 묻힘.